개나리꽃도 피었네

개나리꽃도 피었네

이정희 제4수필집

계간문예

작가의 말

지인이 셰익스피어의 어록 중에서 뽑았다는 '배움을 포기하는 순간 폭삭 늙고 만다.'라는 글을 보내주었습니다. 정신이 퍼뜩 들었습니다. 지인은 또 '가장 하기 힘든 일은 아무 일도 하지 않는 것이다.'라는 유대인 격언도 덧붙였습니다. 이 글을 읽고 슬며시 힘이 생겼습니다.
"그래, 바로 이거야."
나는 쾌재를 불렀습니다.

나는 공부하는 것이 즐거웠습니다. 살다보니까 그만 잊고 싶을 만큼 힘겨운 순간도 없지 않았지만, 그때마다 공부가 따뜻하게 내 손을 잡아 주었습니다.
아산에서 서울까지, 가까운 거리가 아닙니다. 일주일에 이틀이나 사흘, 십 년 넘게 왕복했습니다. 내 나이도 결코 적지 않습니다. 그렇지만 공부하기 위해 집을 나서는 순간이 늘 설레었고, 공부 마치고 늦은 시각에 귀가했을 때는 가슴이 뿌듯했습니다. 덕분에 내 이력서에 수필가, 시인, 소설가, 시낭송가로 이름을 올렸습니다. 다 노력한 덕분이 아닌가 싶습니다.

   네 번째 수필집을 상재합니다. 전 같지 않게 많이 망설여졌지만, 책을 내기로 용기를 내었습니다. 부끄럽지 않도록 더 열심히 공부하겠습니다.
   채찍과 격려를 함께 주시는 계간문예에 감사합니다.

2022년 7월 아산에서

請霞 李貞熙

■ 목차

작가의 말 • 04

제1부 글을 쓰는 이유

헬리콥터 맘 • 12
공연 취소 • 16
작은아들의 탁구 사랑 • 20
가정의 달 • 23
왜 쳐다봐요 • 27
글을 쓰는 이유 • 31
세상이 바뀌었다 • 34
인생 계획 • 37
연어족 • 41
제자와 소독 • 45

제2부 개나리꽃도 피었네

참새 예찬 • 50

아산 지킴이 • 54

택배기사 • 58

흰머리 • 61

진정한 승자 • 65

이중인격자 • 69

화양연화 • 73

빛나는 인생을 살고 싶으면 • 77

개나리꽃도 피었네 • 81

눈먼 자들의 도시 • 86

제3부 엄마도 여자다

패션의 완성 • 092
내 고향 유구 • 096
실수와 삶의 여유 • 100
내일은 해가 뜬다 • 104
병아리떼 종종종 • 108
일상을 바꾸다 • 113
나만 챙기면 • 117
다이어트 • 121
돼지만세 • 125
강아지 두 마리 • 129
엄마도 여자다 • 133
반말하기 • 137

제4부 누군가의 행복을 위해서

11월 11일 • 142
한 평 카페 • 147
총명탕 • 151
한마음으로 • 156
장군이 • 159
꼬마 시인 • 163
생명존중 생명사랑 • 166
누군가의 행복을 위해서 • 169
종이접기와 현민이 • 173
입원실 단상 • 176
거짓 인생 • 180
여건이 맞아야지 • 185

평설 _ 정종명 (소설가·계간문예 발행인) • 190

제1부

글을 쓰는 이유

헬리콥터 맘

 헬리콥터 맘은 자녀를 지나치게 보호하는 엄마를 가리키는 신조어다. 하필 왜 헬리콥터인가? 마치 헬리콥터처럼 자녀 주변을 빙빙 돌며, 자녀가 성인이 되어도 일일이 통제하고 간섭하기 때문이다.
 매달 15일은 꽃꽂이 회원 모임이 있는 날이다. 회원인 정아가 자리에 앉자마자 놀라운 소식을 전한다.
 "현희가 아들 때문에 마음 고생이 이만저만 아니야."
 "선호가 왜?"
 현희와 정아는 여고 동창이다. 나와 동갑인 현희는 지금 살고 있는 새 아파트로 입주하기 전에 8년 동안 이웃사촌으로 지냈다. 우리는 양쪽 집의 숟가락 수까지 알 정도로 친하게 지냈다. 우리 셋은 자연스럽게 친구가 되었다.

선호는 현희가 애지중지하는 아들이다. 자식을 아끼지 않는 부모가 어디 있으랴마는 현희의 아들 사랑은 유별났다. 선호는 부모가 마련해준 가게를 도박 빚으로 넘기고, 친구들의 돈까지 떼먹고 잠적했다. 현희는 몸져누웠고, 현희의 남편은 그런 아들을 호적에서 파낸다고 노발대발이란다. 나는 정아의 말을 듣고 놀라움을 금치 못했다.

현희는 어렸을 때, 남자 형제들 틈에서 기를 펴지 못했다. 현희의 부모님은 오로지 오빠와 남동생만 챙겼다. 현희는 밥을 먹을 때도 늘 뒷전이었다.

현희가 먹고 싶은 반찬은 오빠와 남동생 앞에 놓여 있었다. 팔을 뻗어 그 반찬을 먹기에는 분위기가 좋지 않았다. 어쩔 수 없이 앞에 있는 콩자반만 집어 먹었다. 어른이 된 지금은 콩밥, 콩자반, 콩떡 등, 콩이 들어간 음식은 무조건 외면한다고 말했다.

유년시절의 그런 환경 탓인지, 현희는 나이에 어울리지 않게 남아선호사상이 유별났다. 현희는 만날 때마다 선호가 본인의 보물 1호라고 자랑했고, 아들을 개성 있게 키워야 한다고 주장했다.

나는 현희에게 크게 실망한 적이 있었다. 지인의 딸 결혼식에 현희는 다섯 살 된 선호를 데리고 왔다. 예식이 끝나고 피로연이 지하식당에서 있었다. 선호는 종횡무진 식당을 휩쓸고 다녔다. 현희는 하객의 눈총이 따가웠을 텐데, 아들을 제지하지 않았다. 나는 안절부절못했다. 금방 무슨 일이 터질 것 같은 긴장감까지 돌았다. 나의 예감은 빗나가지 않았다. 어떤 하객이 소리를 질렀다.

"이 아이 좀 어떻게 해 봐요. 정신 사나워 식사 못하겠네."

또 다른 사람도 거들었다.

"위험해요. 아이 좀 붙잡아요."

나는 현희를 바라보았다. 현희는 대꾸도 안 하고 국수를 입에 넣었다. 내가 한마디 했다.

"선호를 이쪽으로 데리고 와."

"내버려 둬. 자꾸 억압하면 소심해져서 나중에 큰일을 못해."

나는 그만 말문이 막혔다. 현희가 오빠와 남동생 틈에서 기죽어 살던 한恨을 아들에게 보상받으려고 하는 것처럼 보였기 때문이다. 현희는 선호가 초등학교에 입학하자 학교에서 살다시피 했다. 교실 창문의 커튼을 얼마나 자주 빨았던지 더러워질 틈이 없었고, 학급에 필요한 비품을 본인이 도맡아서 챙겼다고 자랑했다. 지금 생각해 보면 현희는 영락없는 헬리콥터 맘이었다.

현희는 선호가 다른 아이들에게 괴롭힘을 당할까 봐 전전긍긍했고, 또래보다 뒤질 것 같아 잠이 오지 않는다고 조바심을 내었다. 선호에게 영어, 수학, 미술, 피아노, 태권도… 등, 다른 아이들이 배우는 과목을 모두 수강하도록 주선했다.

나는 현희의 말을 듣고 있으면 자괴감이 앞섰다. 내 아이들에게 너무 무관심한 것은 아닌가 스스로 반성하게 된다. 딸과 작은아들은 유치원에 다녔지만, 큰아들은 유치원 대신 집 가까이에 있는 미술학원에만 보냈기 때문이다.

현희는 선호가 초등학교 2학년 때 서울로 전학시켰다. 아파트를 얻고, 선호를 돌봐줄 입주 가사 도우미까지 구해서 함께 지내도록 했다. 현희는 남편과 농장을 운영하고 있어, 서울 집에는 한 달에 한 번, 첫 주 일요일에 방문했다.

선호가 5학년이 되었다. 현희는 새 담임선생님께 인사도 드릴 겸해서, 평일에 어렵게 시간을 내어 선호가 사는 아파트에 도착했다. 도우미는 갑자기 방문한 현희를 보고 깜짝 놀란 표정을 지었다. 현희는 도우미의 당황해하는 모습에 어딘가 찜찜했지만 내색하지 않고 방문을 열었다. 책상 아래에 쌓여있는 만화책이 먼저 눈에 들어왔다. 선호는 서울로 와서 마음 놓고 만화책에 빠져 있었고, 65세인 도우미는 그런 아이를 통제할 힘이 없었다.

현희는 뒤늦게 사태를 파악하고, 선호를 다시 고향으로 데려왔다. 현희는 선호의 교육을 위해 동분서주했지만, 선호는 이미 공부하고는 거리가 멀어진 뒤였다. 현희는 가슴을 치며 후회했다.

선호는 고등학교를 졸업하고, 부모가 차려준 마트를 운영했다. 결혼도 했고 늦게 딸을 얻어 행복하게 사는 것 같았다. 현희도 한시름 놓았다, 마트는 사람들의 왕래가 많은 사거리에 있었다. 연중무휴인 마트는 늘 손님으로 북적거렸다. 현희는 돈을 긁는다고 표현했다. 호사다마好事多魔라고 해야 하나. 선호는 친구를 잘못 사귀어 도박에 손댔다.

현희의 꿈과 희망은 허망하게 날아갔다. 만약에 현희가 3년의 공백 없이 선호를 옆에 두었다면 어떻게 되었을까? 과유불급이라고, 현희의 욕심이 너무 과했나? 나는 헬리콥터 맘인 현희에게 아무 말도 할 수 없었다. 위로의 말조차도….

공연 취소

7월 24일 토요일은 둥지를 부른 가수 N씨 콘서트가 예정되어 있었다. 작은아들이 온라인으로 티켓을 예매했다. 좌석은 지정석인 VIP석이다. 작은아들이 2년 전에도 '잡초'를 부른 가수 H씨 콘서트를 예매해줘서 관람했다. 공연 내내 즐겁고 행복한 시간이었다. 이번에도 기대가 컸다.

7월이 되면서, 코로나 확진자 수가 기하급수적으로 늘었다. N씨의 콘서트가 불발되는 건 아닐까 걱정되었다. 설마 했는데, 작은아들이 N씨의 콘서트가 취소되었다고 전화로 알려주었다. 작은아들이 나보다 더 서운해했다. 나 역시 무척 아쉬웠지만, 작은아들한테는 다음 기회를 기다리겠다고 말했다.

나는 공연 관람하는 걸 좋아한다. 공연 관람하는 게 취미라고 해도 틀린 말은 아니다. 초등학교 시절, 아버지와 어머니를 따라 극장에 가서 연극, 영화, 쇼를 관람했다. 내 고향은 인견 직조로 유명한 공주 유구다. 1950년대 유구에 극장이 있었다. 덕분에 어렸을 때부터 각종 공연을 관람할 수 있었다. 서커스단도 자주 왔다.

서커스 단원 중에는 나보다 작은 여자아이도 있었다. 그 작은 여자아이가 보인 묘기는 몇 날 며칠 나를 흥분시켰다. 작은 여자아이는 구슬이 달린 화려한 드레스에 화장을 짙게 했다. 한참 호기심이 많던 어린 시절, 그 작은 여자아이는 부러움의 대상이었다. 악극단원 중에도 내 또래의 예쁜 여자아이가 있었는데, 나는 그 여자아이도 부러웠다.

오래전에 야외에서 공연했던 오페라 투란도트를 잊지 못한다. 큰아들 내외와 작은아들 내외, 딸과 함께 관람했다. 한겨울이어서 코트를 입고, 머플러, 장갑으로 완전무장했어도 찬바람에 덜덜 떨었던 기억이 난다. 웅장한 무대 장치와 출연자들의 열연에 말을 잊었다. 그런 뮤지컬을 다시 볼 기회는 오지 않을 것 같다.

큰아들 덕분에 딸과 마당놀이, 뮤지컬 등을 자주 감상할 수 있었다. 내가 공연 관람을 좋아하니까, '돌아와요 부산항에'를 부른 가왕 J씨 공연을 딸이 예매해서 함께 관람한 적도 있다. 화개장터를 부른 C씨의 디너쇼는 작은아들이 예매해주었다.

요즘은 TV를 켜면 채널마다 트로트 열풍이 뜨겁다. 남녀 가수들의 연령대도 10대부터 80대까지 다양하다. 공연장에 가지 않고도 안방에서 각종 쇼를 감상할 수 있는 세상이다. 뮤지컬이나 오페라 공연이

TV 때문에 예전처럼 많은 관중을 끌어들이지 못할 것 같다.

그동안 관람한 공연 중에서 가장 기억에 남는 공연은 마당놀이다. 유명한 배우 Y씨, K씨, J씨가 주인공인 마당놀이는 매회 매진일 정도로 인기가 많았다. 배비장전, 흥부전, 춘향전, 심청전 등을 관람했는데, 출연자들은 명연기로 관객을 울리고 웃겼다. 나는 마당놀이의 매력에 푹 빠졌다.

마당놀이는 춤이나 노래, 재담 등을 구경꾼과 하나가 되어 흥을 돋우는 우리 고유의 민속놀이다. 마당놀이는 말 그대로 동네의 넓은 마당이나 시장 또는 들판에서 구경꾼들의 흥을 돋운다. 마당놀이는 해학과 풍자를 통해 민중적인 애환을 그려내 저항정신을 표출하기도 한다. 주인공을 개과천선 시키고, 권선징악, 인과응보, 부모에 대한 효도 등 현대를 살아가는 우리에게 교훈을 주는 내용이 주를 이룬다.

생각해 보니, 내가 계간문예창작원 가족이 된 것도 공연(?) 때문이었던 것 같다. 2016년 6월에 해외문학세미나 및 헝가리, 체코, 오스트리아, 독일 등으로 문학기행을 다녀왔다. 그 인연으로 계간문예에서 하는 행사에 참여하게 되었다.

제일 먼저 문인들의 출판기념회에 참석했다. 행사 때마다 주인공인 시인의 말과, 축하해 주시는 선생님들의 시 낭독이 재미있었다. 난생처음 보는 문학 행사였다. 근무했던 학교에서도 일 년에 한 번이지만, 운동회와 가을 축제를 학생들과 함께 즐겼던 기억이 난다.

나에게는 문인들의 출판기념회가 하나의 축제였다. 그 후로 문인들의 출판기념회와 계간문예의 큰 행사에 참석했다. 처음에는 아는 문인들이 없어서 서먹했지만, 공연(?)을 보는 재미는 쏠쏠했다. 내가 공연 관람을 좋아하지 않았더라도 계간문예 식구가 되었을까 하는 의문이 든다. 요즈음은 계간문예의 크고 작은 행사 역시 코로나19로 모두 취소되었다.

   기대했던 N씨의 콘서트가 취소된 것이 매우 안타깝다. 코로나19가 안정되기만 기다려야 한다. N씨의 콘서트가 취소되었다는 소식을 듣고, 전에 관람했던 콘서트와 마당놀이가 생각났다. 서운함은 가슴에 안고, 공연이 열리는 그날을 기다려야지.

작은아들의 탁구 사랑

작은아들은 탁구를 좋아한다. 실력은 4부로 잘 치는 편에 속한다. 작은아들은 우리 집에 올 때마다, 탁구장에 가보자고 채근했다. 3월에 작은아들의 청을 뿌리칠 수 없어서 탁구장에 들렀다. 탁구장은 활기찬 분위기였다.

나는 회원들이 탁구 치는 모습을 보면서 부러움이 앞섰다. 나도 탁구를 좋아하지만, 연습할 기회는 별로 없었다. 함께 연습할 파트너가 없어서 항상 아쉬웠다. 작은아들이 관장에게 회원들의 나이를 물었다. 내 나이가 제일 많았다. 작은아들이 관장에게 부탁했다.

"엄마가 레슨 끝나고, 연습할 수 있게 해 주세요."

"알았어요. 여기 회원들이 도와줄 거예요."

나는 작은아들과 관장의 대화를 들으며 속으로 웃었다. 40여 년 전의 일이 생각나서다. 나는 작은아들이 유치원에 입학할 때, 유치원 원장에게 부탁했다.

"원장님, 우리 민준이 잘 부탁드려요."

"아무 걱정 마세요. 잘 보살필게요."

유치원 원장은 나하고 함께 근무했던 교무부장의 아내였다. 이제는 작은아들이 나이든 엄마를 관장에게 부탁하고 있으니, 보호자의 위치가 뒤바뀐 셈이다.

"저는 오늘도 새벽에 탁구 쳤어요."

"그러니? 과로하면 안 되는데…."

작은아들이 출근하면서 보내는 카톡에는 아침 운동을 했다는 내용이 들어 있다. 그 아침 운동은 탁구다. 나는 작은아들의 무언無言의 바람을 알고 있으면서, 시치미떼고 늘 똑같은 말을 반복했다. 작은아들은 지난달에 우리 집에 오면서, 전에 빌려 갔던 나의 라켓을 가져왔다.

"엄마도 이제 탁구 레슨을 신청하셔야지요."

나는 그동안 작은아들에게 코로나19를 핑계 대며, 코로나19가 안정되면 5월부터 탁구를 시작하겠다고 약속했다. 막상 5월이 되자 코로나 확진자가 줄지 않았으니, 상황을 더 지켜보자고 둘러댔다. 작은아들이 문자를 보냈다.

"오늘도 운동했어요."

"잘했다. 오늘도 파이팅! 나는 6월부터 탁구 쳐야지."

6월이다. 두 달 전부터 왼쪽 손목에 통증이 심하고, 그릇 하나 들지 못할 정도로 불편했다. 가까운 정형외과에 가서 Xray를 찍었다. 원장은 왼쪽 손목의 근육에 염증이 생겼다고 진단했다. 손목에 주사 두 대를 놓으면서, 일주일 후에 다시 오라고 말했다.

전에는 일주일 간격을 두고, 병원에 들러 주사를 두 번 맞으면 통증이 신기하게 가라앉았다. 이번에도 병원에 두 번 가면 통증이 가라앉으리라 기대했다. 손목 통증은 그런 나의 기대를 완전히 외면했다. 일주일마다 네 번, 다섯 번, 일곱 번 주사를 맞았는데 통증이 점점 더 심했다.

6월에 신청하기로 한 레슨은 왼쪽 손목 통증으로 무기한 연기되었다. 작은아들과 관장한테 레슨을 받겠다고 약속했으니, 그 약속을 지켜야 하는데…. 마음이 조급해졌다.

큰아들과 작은아들은 내 손목 통증이 심해서, 지금까지 진료받는 걸 모른다. 내가 두 달 전에 손목이 아프다고 문자를 보냈을 뿐, 요즈음은 손목 이야기를 전혀 하지 않았다. 별다른 말이 없으니 손목 통증이 나았으리라 알고 있을 거다. 나는 아이들이 걱정할 말은 하지 않는다.

정형외과에서 왼쪽 손목에 또 주사 두 대를 맞았는데, 통증이 많이 가라앉았다. 나는 탁구 레슨을 신청하기로 마음먹었다. 나는 오른손잡이라 정말 다행이다. 작은아들이 탁구 유니폼과 탁구화를 내가 좋아하는 빨간색으로 사준다고 말하는데, 더 이상 레슨 신청을 미룰 수가 없었다. 레슨은 일주일에 두 번 수요일과 금요일에 2시부터 20분간 받기로 했다.

저녁에 작은아들한테 카톡으로 문자를 보냈다.

"오늘 탁구 레슨 신청했다."

"와, 엄마 최고!!"

작은아들은 내가 레슨을 신청했다는 문자를 보고, 금방 전화해서 잘했다고 엄청 좋아했다.

작은아들이 사준 유니폼을 입고, 회원들 틈에서 땀 흘리는 나를 상상해 본다. 작은아들 덕분에 나도 탁구를 사랑하게 될 것 같다.

가정의 달

 5월은 가정의 달이다. 5월 5일, 어린이날에는 작은아들 내외가 손자 현우(고1), 손녀 현서(중1), 손자 현민(초2)이를 데리고 다섯 식구가 왔었다. 점심과 저녁을 함께 먹었다. 큰아들네 식구와는 지난달에 여수로 3박 4일 여행을 다녀왔다.
 오늘은 5월 8일, 어버이날이다. 일찍 잠이 깼었다. 작은아들네 식구가 3일 전에 왔다 갔지만 막상 아무도 오지 않는다 생각하니까 갑자기 집 안이 텅 빈 느낌이 들었다. 오늘따라 괜히 심란해서 일손이 잡히지 않는다. 습관대로 TV 채널을 돌렸다.
 MBC에서 2013년에 방영했던 서프라이즈다. 사이코메트리(psychometry) 초능력자 중에서도 유명한 네덜란드의 '제라드 크로이셋'의 활약에 관한 내용이다. 사이코메트리는 혼(psyche)과 측정(metron)의 합성어로 물건을 만지면 소유자에 대한 정보를 영상으로 떠올리는 능력을 말한다.

제라드 크로이셋은 전 세계 유명 초능력자들을 불러 모은 한 방송에 출연했다. 일본 방송 관계자는 초능력으로 실종된 한 아이를 찾아달라고 부탁했다. 제라드 크로이셋은 아이의 위치를 약도로 그리면서, 아이는 이미 사망했다고 밝혔다. 경찰은 기동대원과 함께 제라드 크로이셋이 말한 야마쿠라 댐 근처를 샅샅이 뒤졌고, 실종된 아이의 시신을 발견할 수 있었다.

제라드 크로이셋이 처음 와 본 일본에서, 한 번도 가보지 않은 곳을 정확히 짚어내어 사람들을 놀라게 했다. 이미 사망한 상태였지만, 실종된 아이를 초능력으로 찾았다는 게 너무 신기했다. TV를 보면서도 믿기지 않았다.

문득 개구리 소년들이 생각났다. 1991년 3월 26일, 대구광역시에서 살던 다섯 명의 초등학생이 와룡산에 올라갔다가 실종된 사건이다. 벌써 30년 전 일이다. 개구리를 잡으러 갔다가 실종된 사건이라 일명 '개구리 소년'이라 언론에 보도되었다. 실제는 도롱뇽 알을 채집하러 갔다고 나중에 알려졌다.

연일 라디오와 TV는 물론 신문의 일면을 장식했다. 개구리 소년 사건을 다룬 영화도 나왔다. 실종 11년 만에 도토리를 주우러 와룡산에 올라갔던 주민 O씨에 의해 다섯 명의 유골이 와룡산 중턱에서 발견되었다. 온 국민이 안타까워했던 사건이다. 우리나라에도 사이코메트리 초능력자가 있었더라면…. 개구리 소년 사건을 해결할 수 있었을까?

개구리 소년들의 부모는 해마다 돌아오는 가정의 달에 무슨 생각을 하고 있을까. 우리나라 실종 아동 숫자가 한 해에 2만 명이라는 보도를 보고 놀랐다. 아이를 잃은 부모의 속은 새까맣게 탔으리라. 다시는 그런 비극이 없기를 마음속으로 기원했다. 가족을 잃는 슬픔은 더 이상 없었으면 좋겠다.

점심을 간단히 먹고, 노트북 앞에 앉았는데 인터폰이 울렸다. 인터폰을 누른 사람은 보이지 않는다. 큰아들네는 안 온다는 연락을 받았고, 작은아들네는 엊그제 왔다 갔는데….

'설마?' 하는 생각에 현관문을 열었더니, 내 예상대로 손자 현민(초2)이가 작은아들 내외와 서 있다.

"아니, 뭐하러 또 왔어. 집에서 쉬지."

속으로는 반갑고 좋았지만 무심한 척 한마디 했다.

"현우하고 현서는 학원 갔어요."

작은아들의 대답이다. 작은며느리는 휴일에도 현우와 현서의 스케줄이 꽉 찼다고 말했다. 텅 빈 집안이 갑자기 활기가 넘쳤다. 작은며느리가 카네이션 화분을 내민다. 손자 현민이는 준비해 온 색종이로 카네이션을 접어 나에게 주었다. 대학원에 다니는 작은며느리는 새벽까지 공부하느라 잠을 제대로 못 잤다고 말했다.

"피곤한데 뭐하러 왔어. 집에서 쉬지."

나는 작은아들 내외에게 같은 말을 반복했다. 말은 그렇게 했지만, 작은아들 내외가 무척 고마웠다. 작은아들 내외는 쉬고 싶고, 할 일도 많을 텐데, 나하고 식사하기 위해 아산까지 내려온 거다. 작은아들 내외와 손자 현민이는 저녁을 먹고 돌아갔다.

작은아들 내외가 돌아간 후에 큰아들한테 카톡이 왔다. '미세 먼지 때문에 어디 못 나가셨죠? 저희도 집에만 있었어요. 어버이날 선물은 못 드리고 조금 송금했어요.' 큰며느리는 손녀 하윤이(초3)가 만든 카네이션을 찍어 보냈다. 사진에 있는 카네이션이 정말 예뻤다.

5월은 가정의 달이다. 5월 5일 어린이날, 5월 8일 어버이날, 5월 21일 부부의 날이 있다. 5월은 가족끼리 서로 아껴주고, 사랑하는 가족에 대해 돌아보게 한다. 큰아들과 작은아들, 두 며느리와 귀여운 손자와 손녀가 나와 함께 한다는 사실에 새삼 든든하고 고마웠다.

내 천다봐라

코로나19 때문에 지난해부터 모임을 갖지 못했다. 사회적 거리 두기로 5인 이상 사적 모임이 금지되었기 때문이다. 내가 참여하는 모임은 모두 이 조항에 걸린다. 우리는 가끔 문자로 안부를 전하는 것으로 아쉬움을 달랬다.

5월 말, 총무인 L선생한테서 문자가 왔다. 문자는 6월 4일(금)에 모임을 하려는데 참석할 수 있느냐는 내용이었다. 나는 반가운 마음에 참석하겠다고 답을 보냈다.

화창한 날, 신정호 근처 식당에서 점심 식사하기로 약속했다. H선생은 식당으로 직접 간다고 말했다. L선생은 나와 C여사를 태우고, 신정호 근처에 있는 식당주차장에 주차했다. 우리 셋은 엘리베이터 쪽으로 천천히 걸어갔다.

젊은 여자 세 명과 키가 크고 몸집이 건장한 젊은 남자 한 명이 엘리베이터 쪽으로 걸어온다. 엘리베이터를 기다리는데, 세 명 중 가장 젊은(20대로 보이는) 여자가 한마디 했다.

"왜 쳐다봐요?"

나는 무슨 말인지 알아차리지 못해서 아무런 대꾸도 하지 않았다. 공교롭게 일곱 명이 함께 같은 엘리베이터를 탔다. 나와 눈이 마주친 그 젊은 여자가 또 말을 걸었다.

"왜 사람을 쳐다봐요?"

"……."

나는 이번에도 말을 못 하고 젊은 여자를 바라보았다. 젊은 여자와 함께 온 40대나 50대로 보이는 여자 둘이 나섰다.

"사람을 째려봤잖아요."

"왜 사람을 째려봐요?"

그 말을 듣는 순간 나는 어찔했다.

"어머나, 세상에 세상에. 어머나, 세상에 세상에."

그 말만 되풀이했다.

우리는 2층에서 내렸고, 그들은 3층으로 올라갔다. 만약 엘리베이터 안에서 입씨름이라도 했더라면 어떤 상황이 벌어졌을지 생각만 해도 두렵다. 내가 모르는 사람을 째려봤다는 것은 말도 안 되는 억지 중의 억지였다.

식탁에 자리 잡고, 마음을 진정시키려고 숨을 크게 쉬었다. 지인들이 더 속상해했다. TV 뉴스에서 본 단순히 쳐다보았다는 이유로 의식을 잃을 정도로 폭행을 당하는 장면이 떠올랐다. 20대의 건장한 남성이 60대의 노인을 무차별 폭행하는 것이 CCTV에 고스란히 찍혔다. 그 장면을 시청한 사람은 모두 공분을 사고도 남을 일이다. 묻지마 폭행이다.

식사를 마치고 신정호를 한 바퀴 돌았다. 신정호 둘레 담장에 핀 장미꽃이 나의 우울한 마음을 조금은 해소시켜주었다.

집에 와서도 젊은 여자들이 했던 말이 머리에서 떠나지 않았다. 그날 이후, 나는 지나가는 사람들에게 시선을 보냈다가 얼른 고개를 다른 곳으로 돌린다. 의식적으로 안 쳐다본 척한다.

SBS 뉴스 시간에 '도플갱어'라는 부제로 그동안에 벌어졌던 묻지 마 폭행에 대해 다루었다. 제일 먼저 젊은 여자의 사건을 보여주었다. 그녀는 동네를 걷고 있었다. 앞에서 젊은 남자가 다가오더니 그녀를 폭행하기 시작했다. 그는 폭행하면서 "뭘 꼬나보냐? 뭘 꼬나봐."라고 시비를 걸었다. 그녀는 일면식도 없는 남자에게 무차별 폭행을 당했다. 몸의 상처는 가셨지만, 마음의 트라우마로 남아 밖에 나가기가 두렵다고 말했다.

앵커는 다음 뉴스를 진행했다. "20대 남성은 눈이 마주쳤다는 이유만으로 할아버지뻘인 70대 노인에게 중상을 입혀 경찰이 수사를 벌이고 있습니다."라고 말했다. 앵커는 서울 마포구의 한 아파트에서 20대 남성 A씨가 70대 남성 B씨를 주먹과 발로 수십 차례 때리다 주민들에게 붙잡혔다고 전했다.

더 어이없는 것은 B씨가 쓰러진 후에도 폭행이 이어졌다고 전했다. 어떻게 그런 일이 대낮에 일어날 수 있다는 말인지…. B씨의 아들은 인터뷰에서 "그날 그 자리에 아버지가 아닌 다른 사람이 있었어도 폭행을 당했을 거예요."라고 분노했다. 살인미수 혐의로 검찰에 넘겨진 A씨는 평소에도 다른 주민들을 수시로 위협해온 것으로 드러났다.

늘 비슷한 사건이 일어나고 있다. 분명 도플갱어다. 나는 그런 사건은 드라마 속의 이야기인 줄 알았다. '얼마나 무서웠을까, 얼마나 억울하고 자존심이 상할까….' 내가 당하고 보니, 정말 말도 안 되는 범죄 중의 범죄인 것 같아 씁쓸하기 짝이 없었다.

그 사건은 잠시 스쳐 가는 것으로 끝났지만, 나는 지금도 사람들을 쳐다보는 게 무섭다. 오늘도 상대방과 눈이 마주칠까 봐, 얼른 고개를 돌려 먼 산을 바라보았다. 또 누군가가 "왜 쳐다봐요?" 할 것 같아 사람 마주치는 것이 두려워서다.

글을 쓰는 이유

'이정희 시인님의 시집. 벌써 네 번째 읽었습니다.'로 시작하는 L교장의 문자를 받았다. L교장이 나의 첫 시집 '장미꽃이 말을 걸다'를 읽고 보낸 문자다. 한 번 읽었다고 해도 감격할 일인데, 두 번도 아니고 네 번을 읽었다는 문자에 놀랐다. L교장은 동백회 회원이며 대선배이다. 동백회는 충남 중등 퇴임 여교장 모임이다. 나는 현직에 있을 때부터 그분의 인품을 닮고 싶었다.

L교장은 내가 보내드린 세 권의 수필집을 모두 읽고, 그때마다 격려의 말씀을 주신 고마운 분이다. 내가 동백회 모임에 참석해서 소설을 공부하고 싶다고 말했더니, L교장은 반겨주었다.

"소설 공부도 해 보세요. 이 교장이라면 소설도 재미있게 쓰실 수 있을 거예요"

이처럼 L교장은 응원을 아끼지 않았다.

L교장의 문자는 이렇게 이어졌다. '어젯밤 또 책 표지부터 점 하나 안 빼고, 아끼고 아끼면서 읽었습니다. 감사합니다. 감히 느낌조차 말로 할 수 없는 가슴 설렘으로 마음을 정화시켰네요. 좋은 글 감사합니다.'

표지부터 점 하나 안 빼고 읽었다니…. 놀라울 뿐이다.

대학 선배인 S교장도 동백회 회원인데, 내가 책을 출간할 때마다 축하해 주었다. S교장은 K사범대학 가정과 3년 선배인데, 나하고는 인연이 깊다. 1963년 나는 고등학교 2학년, S교장은 K사범대학 가정과 2학년이었는데 하숙집에서 처음 만났다. 하숙집은 내 방과 S교장 방 사이에 넓은 대청마루가 있는 전형적인 한옥이었다. 1년을 같은 집에서 하숙했지만, 깊은 대화를 나눈 적은 없었다. 나는 아침 일찍 등교해서 저녁 늦게 하교했고, 휴일에도 방에서 나오지 않았기 때문이다. S교장을 만난 지 어언 60년이다. 동백회 선후배 교장들은 언제나 나를 응원해주고, 조언을 아끼지 않았다.

우리 식구 중에 나의 찐팬은 아들도 며느리도 아니고, 초등학교 3학년인 손녀 하윤이다. 하윤이는 내 수필집 세 권을 모두 읽었다. 하윤이는 내 글을 읽기만 한 게 아니라, 제 아빠한테도 내 수필을 읽어야 한다며 종용했다고 큰며느리가 말했다.

"하윤이가 할머니 수필 왜 안 읽느냐고 아빠를 혼냈어요."

큰아들도 한마디 거들었다.

"하윤이가 할머니 책을 안 읽으면, 할머니가 슬퍼하실 거래요."

이번에 네 번째 수필집을 출간한다. 첫 번째 수필집을 발표할 때보다 더 가슴이 두근거린다. 많이 부끄럽고 두려워서다. 그런데도 또 수필집을 출간하는 이유가 조금은 엉뚱하다고 할 수 있다. 좋은 작품을 세상에 내놓고 싶지 않은 사람이 어디 있을까. 나도 좋은 수필, 멋진 시를 발표하고 싶다.

마음에 드는 작품을 만나기 위해 미루고 망설이다 보면, 평생 작품집을 한 권도 출간할 수 없을 것 같다. 염치 불고하고 원고를 C주간님께 넘겼다.

손녀 하윤에게 문자를 보냈다.

'예쁜 하윤아, 할머니가 수필집을 또 내기로 했다.'

'할머니, 수필집이 언제 나와요?'

역시 하윤이는 나의 찐팬이다. 내 수필집이 나오기를 고대하고 있다. 동백회 회원이신 선후배 교장들도 나의 수필집을 받고 기뻐해 주시겠지…. 앞으로도 부끄러움은 등 뒤에 꼭꼭 숨겨놓고, 시간 나는 대로 열심히 쓰겠다고 나 자신에게 약속했다.

나의 작품집을 기다리는 팬이 또 한 명 있다. 스킨 갤러리 원장은 딸 가은이(초등학교 5학년)가 나의 세 번째 수필집 《정희야 잘했다》를 셀 수 없이 읽고 또 읽었다고 말했다. 이 꼬마 팬을 위해서도 나의 글쓰기는 계속되어야 한다.

세상이 바뀌었다

　우리는 지금 비대면 시대(Un contact)에 살고 있다. 줄여서 언택트라고 하는데, 시대 변화에 따라 새롭게 떠오르는 기준을 뜻하는 신조어이다. 모임에 참석한 사람들은 몸은 언택트이지만, 마음은 콘택트 하자고 말한다.
　학교도 온택트(on-tact)로 수업을 하고 있다. 온라인 대면이다. 일주일에 한 번 학교에 간다는 초등학교 2학년 손녀에게 물어보았다.
　"학교 가니까 좋지? 친구들도 만나고…."
　"친구들하고 얘기 못해요."
　나는 손녀의 대답을 듣고 깜짝 놀랐다. 큰며느리가 의아해하는 나에게 설명했다. 교실에서는 한 칸씩 떼어 앉고, 아크릴로 칸을 막아서 서로 말을 건넬 수가 없다. 거기다 학급 정원의 반은 다른 요일에 등

교해서 수업을 받는다고 덧붙였다. 2부제 수업이다. 다른 요일에 등교하는 학생들의 얼굴을 보지 못하고 일 년을 보내야 한다. 같은 반이면서도 마스크 때문에 제대로 얼굴을 확인할 수 있을지도 의문이다.

금방 종식될 줄 알았던 코로나19가 장기전에 돌입했다. 마스크를 써야만 외출할 수 있고, 사람과 사람 사이는 2m 간격으로 거리두기를 해야 한다.

집에서 오랜 시간을 보내는 사람을 빗대어 집콕족이라 한다. 집에서도 심심치 않게 할 수 있는 것이 무얼까? 집콕족이 할 수 있는 소소한 취미 활동을 공유하고, 인증하는 집콕 챌린지가 유행이다. 말 그대로 집에서 하는 도전이다.

요리, 쿠키 만들기에 도전하는 사람도 있고, 대파 키우기로 소일하는 사람도 있다. 천에 예쁜 수를 놓으며, 심신의 피로를 푼다는 사람의 글도 읽어보았다. 요즘은 트로트 경연이 안방까지 점령했다. 트로트 열풍은 경로당이 폐쇄되어 집에서 지내는 노인들에게 즐거운 소일거리가 되었다. 채널을 돌려가며 온종일 트로트만 본다는 할머니의 인터뷰를 보았다.

코로나19가 나의 삶을 다시 돌아보게 했다. 누가 나에게 집콕 챌린지가 무어냐고 묻는다면, 나는 자신 있게 집에서 글을 읽고 쓰고, 시를 외우는 거라고 대답하고 싶다. 이만하면 제2의 인생을 멋지게 살고 있는 게 아닌가.

TV 뉴스는 연일 코로나19 확진자 수가 급격히 늘어나고 있다고 보도한다. 나는 그 뉴스를 접할 때마다 가슴이 철렁 내려앉는다. '이번 주가 고비야.' '이달만 잘 넘기면 예전처럼 평범한 일상으로 돌아갈 수 있어.' 그건 어디까지나 내 희망 사항이었다. 코로나19의 공포는 끝이 보이지 않는다.

　사람들이 모두 지쳐가고 있는데, 이번에는 물 폭탄이다. 장마가 할퀴고 간 자리는 처참했다. 하천은 쓰레기장으로 변했고, 차도는 물바다가 되었다. 이 마을에서 저 마을로 배를 타고 건너는 장면을 TV 화면으로 보았다. 보고도 믿기지 않는 현실이었다. 산을 들로 만들고, 삶의 터전인 집은 지붕까지 물에 잠겨 세간을 폐품으로 만들었다.

　인기 강사 K씨는 자신의 책 제목처럼, 이제는 잠시 멈춤을 끝내고 '리부트(reboot)' 하자고 말한다. 리부트의 소제목은 '코로나로 멈춘 나를 다시 일으켜 세우는 법'이다. 아까워하지 말고 필요 없는 것은 다 초기화하자고 강조한다.

　K씨는 코로나 2차 쇼크가 실직, 폐업, 파산을 몰고 올 것이라고 내다보았다. 바뀐 생존 공식 속에서 나는 어떻게 살아남을 것인가 하는 문제와 해답을 제시한다. 코로나 2차 쇼크가 온다니 생각만 해도 아찔하다.

　독립적으로 일할 수 있는 사람이 살아남을 수 있다. 대체인력이 투입되어 누군가가 내 일을 대신 처리할지도 모른다. 내가 설 자리가 자꾸 줄어드는 건, 강 건너 불 보듯 뻔하다. 내 직장이 사라질 수 있는 어려운 상황이 올 수도 있다.

　재택근무가 늘어나고 개인 창업이 활성화된다. 온라인으로 전환이 되면, 스스로 일을 만들 수 있는가 없는가에 따라 일자리를 얻을 수도 있고, 잃을 수도 있다. 펜데믹 현상은 계속 일어날 것이기 때문이다.

　요즘은 탈 학습이 대세다. 탈 학습은 기존에 알고 있던 지식들 중에 필요 없는 것은 버리고 새로운 것을 받아들이는 작업을 뜻한다. 우리는 과감히 시대 변화에 적응해야 한다. 세상이 빠르게 변하고 있다.

인생 계획

리모컨으로 채널을 돌렸다. '순간포착 세상에 이런 일이'를 방영한다는 예고 문자가 떴다. 부제는 '스포츠는 살아있다! 구력 85년 차 테니스 외길 인생, 99세 백발 테니스 할아버지'이다. '99세 할아버지가 어떻게 테니스를?' 믿기지 않았다.

SBS '순간포착 세상에 이런 일이' 담당 PD는 남자 테니스 세계랭킹 1위, 테니스의 황제 조코비치가 한국에 떴다는 제보를 받았다고 한다. 서울의 한 테니스장, 빠른 발놀림으로 코트를 누비는 백발의 노신사가 그 주인공이다.

할아버지는 관절운동과 무릎운동을 위해 계단을 걸어서 올라간다. 장소를 불문하고, 가벼운 몸 풀기로 운동을 시작한다. 근육을 키우기 위해 헬스클럽에서 또 운동한다. 할아버지는 매일 테니스를 치러 경기도와 서울을 지하철로 오간다.

　99세 할아버지가 테니스장에서 경기하는 모습을 보고 입이 다물어지지 않았다. 코트를 종횡무진 누비는데, 순발력은 그 누구도 따라가지 못할 것 같았다. 할아버지만의 건강비법은 좋아하는 음식을 마음껏 먹는 것이라고 말했다. 할아버지는 '밥이 보약'이라고 덧붙였다. 식사 때마다 고봉밥을 먹으며, 식사 후 과자, 케이크, 커피 등 군것질도 마음껏 한다.

　할아버지가 세 아들과 벌이는 친선경기는 화목한 가족애를 보여주었다. 건강한 신체에 건강한 가족이다. 할아버지는 14세 때, 정구의 매력에 빠져 시작한 것이 어언 85년이 되었다. 할아버지는 죽기 전까지 라켓을 들고 다닐 작정이라고 포부(?)를 밝혔다.

　연세대 철학과 K교수는 올해 102세이다. 정초, 그의 인터뷰는 나 자신을 되돌아보게 했다. 기자는 K교수에게 '행복'이란 무엇이냐고 물었다. K교수는 정신적 가치를 모르는 사람은 행복하지 않다고 대답했다. 물질적 가치가 행복을 가져다주지 않는다면서…. 행복하려면 꼭 필요한 조건이 하나 있는데, 그것은 만족이라고 말했다. 정신적 가치가 있는 사람은 만족을 알고, 그런 사람들이 행복한 삶을 영위한다고 피력했다.

　기자는 100세까지 건강하고 행복하게 살려면 무엇이 가장 중요한지 물었다. K교수는 사람은 항상 공부해야 한다. 뭐든지 배워야 한다. 그렇지 않으면 정신이 늙어버린다고 목소리를 높였다. K교수는 '일하는 사람이 건강하고, 노는 사람은 건강하지 못하다. 운동은 건강을 위해서 하고, 건강은 일을 위해서 지킨다. 그중, 일이나 독서를 제일 많이 하는 사람이 가장 건강하다'고 자신의 경험담을 밝혔다. K교수가 일을 가장 많이 하고, 행복했던 건 60세부터였다고 회고했다. 인생의 사회적 가치는 60세부터 온다고 자신 있게 말할 수 있단다. 글을 더 잘 쓰고, 사상도 올라가고, 존경을 받게 된 시기가 놀랍게도 60세부터였다니.

 인간의 수명이 120세라는 말이 실감 난다. 그러면 나는 앞으로 어떻게 살아야 하나? 정말 난감하다. 뚜렷한 목표가 있는 것도 아니고, 그때까지 건강이 허락할지는 더군다나 모르겠고…. 요즘은 책을 읽고, 글을 쓰기보다는 게으름 피우는 걸 더 좋아한다.
 오늘도 일어나자마자 TV를 켠다. 누구는 TV가 '바보상자'라고 일부러 멀리한다고 말했다. 어느 집은 아이들 교육을 위해서 아예 TV를 설치하지 않았다고 한다. 나는 채널을 돌리며, 다양한 프로를 즐기고 있다. '어머나! 이런 프로도 있었네.' 혼자 놀라고 즐거워하며 TV를 시청한다. 아예 편성표를 찾아 방영 시간을 적어 놓기도 한다.
 '당장 먹기에는 곶감이 달다.'고 하지 않는가. 나중에 어떻게 되든 당장은 쉽고, 마음에 드는 일을 비유적으로 이르는 말이다. 알면서도 컴퓨터 앞에 앉기보다는 TV 앞에 자리를 잡는다. 볼만한 프로가 없으면, TV 홈쇼핑 방송을 즐겨 보고 있다. 코로나19로 장기간 집에 머물러야 했다. 그 긴 시간을 유용하게 보냈다면, 아무런 미련이 남아있지 않을 텐데…. 실컷 놀고 보니 후회가 된다.
 나는 젊은이 못지않은 체력으로 테니스 치는 99세 할아버지와 102

세 K교수의 부지런함을 닮고 싶다. 건강이 부럽다. '너는 너대로 편하게 살면 된다'고 말하는 이도 물론 있을 거다. 중요한 건, 요즘 내 마음이 편치 않다는 거다. 마음이 편치 않아서인지, 목과 허리가 아프고, 저녁에는 다리도 저린다. 지난번에는 알레르기로 고생했다. 의사는 알레르기 원인이 컨디션이 좋지 않아서라고 말했다. 펑펑 놀면서도 마음 한구석에는 찜찜한 게 남아있었나 보다.

우선 마음부터 다스려야겠다. 조급해 하지 말고, 숨 한번 돌리고 새로운 각오로 마음을 다잡아야겠다. 120세까지 건강하게 살려면 새로운 인생 계획을 잘 세워서 남은 인생에 후회가 없도록 해야겠다.

엄마쪽

 코로나19, 3차 유행으로 내가 공부하러 다니는 계간문예창작원이 또 휴강했다. 이번에는 1주나 2주로 끝나기를 기대했다. 기대와는 정반대로 사회적 거리두기 단계가 2.5로 올라갔다. 나의 일상은 온종일 집 안에서 이루어지고 있다. TV를 보다가 낮잠 자다가, 먹는 게 일상이 되었다.
 언제 끝날지 모르는 '집콕' 생활이 무료하고 짜증이 났다. 활동을 안 한 탓인지, 목덜미와 등에 통증이 왔다. 목덜미와 양쪽 어깨에 파스를 붙였지만, 여전히 통증이 심했다.
 H마사지숍은 지인의 소개로 몇 번 갔던 곳이다. 마사지로 근육을 풀어주면 통증이 조금은 가라앉았다. 전화로 예약했다.
 약속시간에 맞춰 H마사지숍에 도착했다. 앳된 여직원이 안내한 곳으로 가서 침대에 누웠는데, 갑자기 피로가 몰려왔다. 눈을 감고 차례를 기다렸다. 옆자리에 여자가 들어왔다. 침대와 침대 사이에 암막 커튼이 있어서, 그 사람을 볼 수 없다. 당연히 나이도 가늠하지 못한다. 그녀가 관리사에게 말을 건넨다. 그녀는 H마사지숍 단골손님인 것 같았다.

"여기 오는 손님 중에 김수영 씨 있지요."

"예. 그 사모님이 왜요?"

입담 좋은 관리사가 말을 되받는다.

"그 집 아들 내외가 C시에서 살다가 한 달 전에 본가로 내려왔어요."

"아, 큰아들이요?"

"사업 말아먹고 부모 곁으로 들어왔으면, 조용히 있으면 될 텐데…"

"……"

"그 집도 큰일이에요. 며느리가 시부모하고 맞지 않나 봐요."

나는 두 사람의 말소리가 부담스러웠지만, 본의 아니게 듣게 되었다.

"아니, 왜 본가로 들어왔대요? 요즘 젊은이들은 분가하려고 난리인데요."

"그 집 재산이 많잖아요. 이 동네 개발될 때, 논을 팔아서 보상금을 많이 챙겼대요."

"……"

"수영 씨 아들 내외를 보고 요즘 유행하는 연어족이라고 사람들이 흉봐요."

"연어족이요?"

연어족은 부모로부터 독립했다가 경기불황으로 인한 생활고로 다시 집으로 복귀하는 젊은이들을 이르는 말이다. 연어족은 독립할 나이가 되었지만, 취업하지 않거나 부모에게 경제적으로 의존하려는 캥거루족하고는 차이가 있다.

  나도 수영 씨를 알고 있다. 전에 다도茶道 모임에서 만났는데, 아주 상냥해서 회원들이 모두 수영 씨를 좋아했다. 수영 씨는 큰아들이 실업고등학교를 졸업하고, 집에서 빈둥빈둥 놀고 있다고 푸념했다. 그 꼴을 볼 수 없었던 수영 씨의 남편이 집 옆에 다방을 차려주었다. 큰아들은 처음에는 열심히 일했지만, 금방 싫증을 냈다. 수영 씨 부부는 지인의 딸을 소개받아 아들과 결혼시켰다.
  큰아들은 딸 둘을 낳고 이혼했다. 수영 씨는 두 손녀를 위해서 매니저까지 고용했다. 매니저는 손녀의 학교 준비물, 숙제, 학원 등 일체를 관리했다. 수영 씨는 두 손녀에게 따로 신경 쓸 일이 없었다.
  수영 씨 부부는 방황하는 큰아들을 그냥 두고만 볼 수 없었다. 전부터 큰아들이 마음에 두었던 여자를 며느리로 맞이했다. C시에 마트를 차려주고 분가시켰다. 장사도 잘되고, 모든 게 순조로웠다. 수영 씨는 한시름 놓았고, 그저 큰아들 내외가 잘 살아주기만을 바랐다.
  수영 씨의 바람과는 달리, 큰아들 내외가 C시에서의 살림을 정리하고 본가로 들어왔다. 마트 운영 5년 만에 빚만 잔뜩 졌다는 소문이다. 장사에 경험이 없는 수영 씨의 큰아들 내외는 분가하고 난 후, 자금 문제로 여러 번 위기를 겪었다. 큰아들 내외는 부모님과 함께 살면, 생활비 일체를 절약할 수 있다고 생각했다. 소위 말하는 연어족이다.
  지인들과 점심 모임을 하고, 차를 마시러 카페에 들어갔다. 누가 인사를 하는데, 자세히 보니 수영 씨의 큰아들이다. 15년 전에 보았을 때, 그는 인물이 훤하고 풋풋한 청년이었다. 나는 그의 모습을 보고 깜짝 놀랐다. 예전의 모습이 조금도 보이지 않았다. 그는 '사람을 찾습니다.'라는 문구가 적힌 전단지 속의 인물과 비슷한 모습으로 서 있었다. 사람이 이렇게 변할 수도 있다는 생각에 소름이 돋았다.

수영 씨의 친척과 지인들은 수영 씨 내외가 큰아들을 너무 약하게 키운 탓이라고 말한다. 평생을 자식 뒷바라지에 허리 펼 날이 없는 부모의 마음을 누가 알아주고 위로할 수 있을까.

이래저래 요즘은 모든 게 심란하기만 하다. 어디 신바람 나는 소식은 없을까.

제자와 소독

아파트 정기 소독일이다. 젊은 여자가 소독 통을 메고 들어왔다. 내가 수고한다고 인사를 했지만, 젊은 여자는 아무 말도 하지 않고 화장실로 직행한다. 전깃불을 켜주며, 이런저런 말을 해도 내내 묵묵부답이다. 말하는 나 자신이 민망할 정도였다. 집이 작으니 소독도 금방 끝났다. 젊은 여자가 말없이 내민 종이에 사인했다. 신발을 신는 젊은 여자에게 다시 수고했다고 인사해도 아무런 반응이 없다. 젊은 여자가 나가자 현관문을 닫으며, 문득 생각했다. '이 여자가 혹시?' 어쩌면 제자일지 모른다는 생각이 퍼뜩 났다.

전에 살던 아파트에는 제자가 우리 동을 소독하러 왔었다. 중년이 된 제자를 처음에는 알아보지 못했다. 나는 그날도 소독하러 온 중년 여자에게 소독할 곳을 안내했다. 화장실 전깃불을 켜주었고, 슬리퍼도 챙겨주었다. 예쁘장하게 생긴 중년 여자에게 말을 걸었다.
"아주머니, 참 곱게 생기셨어요."
"……."
중년 여자는 아무런 반응이 없었다. 작은 키에 통통했고, 얼굴은 보름달처럼 화사했다. 소독이 끝나고 중년 여자가 내민 종이에 사인했다. 나는 현관까지 배웅하며 "수고하셨어요. 안녕히 가세요."라고 말했다.
그다음 정기 소독일에도 그 중년 여자가 또 왔다. 소독하는 곳을 따라다니며, 지난번처럼 똑같이 말했다.
"아주머니는 정말 고우세요."
중년 여자는 나를 쳐다보고 말했다.
"이정희 선생님이시죠?"
"……?"
나는 놀라서 중년 여자를 바라보았다. 잠깐 뜸을 들인 후에 물었다.
"누구?"
"저 순희예요."
"어머나! 너 순희니?"
중년 여자는 1970년에 S중학교에서 내가 가르쳤던 학생이었다. 순희라고 이름을 대지 않았다면 못 알아볼 정도로 변해있었다. 하긴 반백 년의 세월이 지났는데, 알아보는 게 더 이상할 것 같다. 단발머리 중학생이 회갑을 훌쩍 넘기고 나타났으니 놀랄 수밖에…. 중년 여자의 모습에는 50여 년 전의 중학생이었던 순희 모습은 전혀 보이지 않았다.

"엄마는 안녕하시고?"

나는 순희의 어머니 소식부터 물었다. 순희 엄마는 D역 앞에서 슈퍼를 운영했다. 순희 어머니는 몸피가 컸고 인물이 훤했다. 순희는 어머니를 많이 닮았다. 차를 마시며 이런저런 이야기를 했다. 옛날 생각이 새록새록 났다.

"오늘이 마지막이에요. 저는 천안 쪽을 맡았어요. 여기는 다른 사람이 와요."

"그러니? 서운해서 어쩐다니…."

순희는 다섯 번째 방문했을 때, 맡은 지역이 배방에서 천안으로 바뀌었다고 말했다.

정기 소독일에 순희 대신 다른 여자가 왔다. 전과 똑같이 여자를 따라다니며 전깃불을 켜주었다. 여자는 아무 말 없이 소독만 했다. 여자가 소독을 끝내고, 사인할 종이를 챙기더니 신발을 신었다. 내가 말했다.

"사인해야 하는데…."

"사인은 제가 할게요."

말을 끝내자마자, 사인지를 챙겨서 부리나케 현관문을 나섰다.

'응? 내 이름을 어떻게 알고 사인하지?'

용역회사 직원이 어떻게 처음 본 주민의 이름을 알아서 사인할 수 있을까.

'이 여자도 제자임이 분명하다.'

매번 정기소독일마다 여자가 왔지만, 내 이름을 어떻게 알고 사인했느냐고 묻지 않았다. 나는 소독이 끝나면 미리 알아서 사인했고, 여자는 사인용지를 챙겼다. 내가 수고했다고 인사했지만, 여자에게서 여전히 아무 말도 듣지 못했다.

 나는 지금 살고 있는 지역에서 오랫동안 교직에 몸담고 있다가 정년퇴직을 했다. 덕분에 내 주변에는 나와 인연이 있는 제자가 참 많다. 내가 상대를 먼저 알아보는 제자도 간혹 있지만, 대개는 상대가 먼저 나를 알아보고 인사를 건넨다. 인사를 건네는 제자를 만나면 반갑기 그지없다.
 그런데 제자이면서 제자 아닌 척하는 사람과 마주치면, 이유 여하를 떠나 나로서는 안타깝고 난감하기 짝이 없다. 이름도 기억하지 못하는 사람한테 "너 혹시 내 제자 아니니?"하고 물을 수는 없기 때문이다. 상대가 그러는 것처럼 나도 요령껏 모른 척해야 하는데, 그게 참 많이 불편하다. 정기소독일마다 내 집을 찾아오는 제자처럼 말이다.

제2부
개나리꽃도 피었네

참새 예찬

　수필작법 시간에 H선생님이 쓰신 '참'이라는 제목의 수필 작품을 공부했다. H선생님은 '참'이란 으뜸가는 품종을 증명하는 품질보증서라고 피력했다. 나는 H선생님이 예를 든 '참'자가 붙은 사물이나 나무가 아닌 참새에 대해 말하고 싶다. 참새는 참새과에 딸린 새로, 우리나라 대표적인 텃새다

　초등학교 시절이다. 여름방학을 맞아 시골 할머니 댁에 가면, 이웃집 마당에 소쿠리를 나무막대로 기둥을 세워놓은 걸 보았다. 할머니는 참새를 잡기 위해서라고 설명했다. 또 동네 아이들이 새총을 들고 다니는 것도 보았다. 그 새총으로 참새를 잡았는지는 알 수 없었다.

　할머니 댁 마당에는 늘 참새가 앉아 있었다. 가까이 다가가도 도망가지 않고 조금씩 자리만 옮기던 앙증맞은 참새의 모습이 지금도 눈

에 선하다. 넓은 마당에는 쌀과 노란 좁쌀이 흩어져있었다. 어디서 날아왔는지 조그맣고 귀여운 참새들이 먹이를 쪼아 먹었다. 어릴 때는 전깃줄이나 나무, 마당에서 흔히 보는 새가 참새였다. 우리 집은 방앗간 근처였는데, 참새가 아침부터 저녁까지 방앗간 주변 전깃줄에 한 줄로 앉아 있었다. 밤에도 전깃줄에 앉아서 자는 것 같았다.

어렸을 때, 어머니한테 들었던 말 중에 잊히지 않는 말이 있다. 어머니는 '소고기 열점보다 참새고기 한 점이 더 맛있다.'고 말씀하셨다. 한때, 참새구이는 포장마차에서 가장 인기 있는 안주거리였다고 한다. 나는 참새고기를 먹어보지 못했으니, 당연히 그 맛도 모른다.

1958년 중국, 마오쩌둥이 쓰촨성을 방문했다. 식량정책에 중점을 두었던 마오쩌둥은 참새가 벼 이삭을 쪼아 먹는 것을 보았다. 참새 때문에 쌀 생산량이 줄어들 것을 염려한 마오쩌둥은 '참새는 해로운 새'라고 인식하여 참새 소탕 작전을 명령했다. 대대적인 참새 박멸 작전으로 3일 만에 4십여만 마리를 잡았다. 참새 대란이었다.

중국 전역에서 2억 천여만 마리의 참새를 잡았다. 마오쩌둥과 관리들은 농산물 수확이 풍족해질 거라 예상했지만, 상황은 전혀 다른 방향으로 흘러갔다. 쌀 수확이 줄어들어서 1958년부터 1960년까지 3년 동안에 4천여만 명이 굶어 죽었다. 마오쩌둥은 자신의 입지가 위태로워질까 봐 쏘련 연해주에서 참새 2십여만 마리를 수입했다.

참새는 벼에 해를 끼치는 해충을 잡아먹는 이로운 새다. 먹이사슬의 연결이 단절되면 생태계에 큰 혼란이 온다. 농부들은 참새가 무리지어 날아다니는 모습을 보고 풍년 농사를 가늠했다고 한다.

참새는 벼가 익기 시작하면 대규모로 무리 지어 들판을 날아다닌다. 여러 모습의 허수아비를 세우고, 깡통을 두드려서 참새를 쫓던 모습이 점차 사라지고 있다. '참새가 방앗간을 그냥 지나치랴'라는 속담은 욕심 많은 사람이 이익을 보고 가만있지 못하거나, 자기가 좋아하는 곳을 그냥 지나치지 못한다는 뜻이다. 또 '눈치가 참새 방앗간 찾기'라는 속담은 참새가 방앗간을 잘 찾아내듯이 눈치가 아주 빠르다는 말이다. 참새는 작지만 영리하고, 우리네 삶 속에 늘 정겹고 친근하게 느껴지는 새다.

참새에 관한 글 중 단장지애斷腸之愛는 우리가 한 번쯤 집고 넘어가야 할 내용이다. 새끼참새를 잡아 새장에 가두었더니 어미 참새가 날아와 새장 밖에서 울다가 죽었다. 죽은 어미 참새의 배를 갈라보았더니 창자가 조각조각 끊어졌더란다. 가끔 뉴스에서 크게 다루고 있는, 어린 자식을 버린 무책임한 부모에게 경종을 울린다.

이오덕 선생님이 쓴 '하느님 물건을 파는 참새'라는 동시가 있다. 시의 내용이 재미있다. 참새를 가난한 노점 장수라고 표현했다. 노점 장수인 참새는 아침부터 부지런히 하느님의 물건을 팔고 있다. 노점 장수는 길가, 나뭇가지, 지붕 위에 온갖 잡동사니 물건을 펴놓고 팔고 있다. 노점 장수는 이슬·풀잎·햇빛·바람·구름 등, 밖에 나가면 늘 있는 모든 것들을 사라고 짹짹거린다.

노점 장수는 어른, 아이들, 동물 친구들에게 한참 팔고 난 후에, 나머지 물건을 떨이로 나누어 준다. 빛·희망·평화·기쁨·노래 같은 물건을 거저 주기도 한다. 참새 덕분에 세상은 아름답고, 행복과 평화가 넘친다는 내용이다.

일본에는 '혀 잘린 참새'라는 전래동화가 있는데, 우리나라 흥부전에 나오는 제비가 은혜 갚는 내용과 비슷하다. 참새는 의리 있는 새, 은혜를 잊지 않고 더 큰 복을 안겨주는 새라고 알려져 있다.
　참새는 우리 주변에서 가장 흔하게 볼 수 있는 새다. 참새는 이름에 진실을 나타내는 '참'자字가 들어있다. 진짜 새라는 뜻이다. 다른 새들을 지칭할 때, 흔히 참새보다 작은 새, 참새보다 큰 새라고 말한다. 이처럼 참새는 새의 기준이다.
　참새는 새 중의 진짜 새다.

아산 지킴이

어느 수필가가 '잡초가 지구의 지킴이'라고 쓴 글을 읽어 본 기억이 난다. 나는 감히 '아산 지킴이'이라고 종종 지인에게 말한다.

1993년, 온양에서 가까운 Y여중으로 발령을 받았다. Y여중이 읍내에서 떨어져 있어서 교사들은 도시락을 지참持參했다. 어느 날, 삼삼오오 짝을 지어 점심을 먹고 있었다. S선생이 매년 천안시로 가기 위해서 내신서를 썼는데, 계속 탈락이라고 푸념을 늘어놓았다. S선생은 천안에서 출퇴근했다. 천안시로 전출을 희망하는 교사들이 많은 탓에 경쟁에서 밀린다고 말했다. 천안시는 소위 말하는 경합지역이다.

Y여중에 근무하는 여교사 중, 내가 제일 나이가 많았다. 나는 S선생과 같은 학년을 맡았고, 우리 둘의 사이도 각별했다. 나는 궁금하여

S선생에게 물었다.

"왜 천안시에 있는 학교를 고집해요? 온양으로 가면 되지."

"……."

S선생은 내 말을 듣고 잠시 머뭇거리는가 싶더니, 목소리를 높여 말했다.

"온양은 유흥도시라 아이들 교육하기에 좋은 곳이 아니잖아요."

나는 S선생의 말을 듣는 순간 크게 놀랐다. 아니! 온양이 아이들 교육하기 좋지 않다니…. 나는 아이들 키우는데, 온양만큼 좋은 곳이 없다고 생각하고 있었다. 첫째로 온천수가 있고, 인심이 후하며, 교통 또한 편한 곳이다. 게다가 학교도 시내에서 멀지 않아 아이들이 학교 다니기에 전혀 불편함이 없다.

우리 집 삼 남매는 모두 모범생으로, 학교생활 잘하고 성적도 우수했다. S선생이 말하는 유흥도시라고 생각한 적이 한 번도 없다. 나에게 온양은 그냥 살기 좋은 곳이다. 유흥도시가 아니고, 관광도시이다. 아이들 교육 때문에 이사 가야겠다고 생각해 본 적이 없다. 오래도록 온양에서 살기를 바랐을 뿐이다.

내가 처음에 발령받아 왔을 때는 아산군 온양읍이었다. 1986년도에 온양시로 승격되며 아산군과 분리되었다가, 1995년 아산군과 온양시가 통합하여 현재의 아산시가 되었다. 타지에 있는 많은 사람이 온양을 알고 있다. 그들은 하나같이 신혼여행지로 각광받던 '온양관광호텔'을 떠올렸다.

K교장의 말이 생각났다. 남편과 내가 K교장댁에 인사를 갔다. K교

장은 우리 내외가 온양에서 천안시로 통근하는 게 이해할 수 없었던 것 같다. 그때 나는 천안여고에서, 남편은 천안중앙고등학교에서 근무했다. 사모님이 내온 차를 마시며 이런저런 이야기를 나누고 있었다. K교장이 말을 꺼내셨다.

"이상해서 물어보는 건데, 왜 두 분은 천안시로 이사 안 해요?"

"……."

나와 남편은 대답 대신 서로 얼굴만 쳐다보았다. 그때 대답을 어떻게 했는지는 생각이 떠오르지 않는다. 대부분의 교사들은 천안시에서 근무하기를 원했고, 천안에 살면서 타지역으로 출퇴근했다. 우리 내외는 반대로 온양에서 천안으로 출퇴근했으니 K교장이 이상하게 생각한 것도 무리는 아니다.

남편은 신혼 시절에도 천안중학교에서 근무했다. 그때 천안으로 이사했다면? 그 시절 천안시에 땅이나 집을 산 사람들은 몇 년 후에 갑부가 되었다고 한다. 교사 중에도 재테크를 잘해서 부자가 되었다는 소문이 들렸다. 남편과 나는 그런 방면에는 아예 문외한이다. 우리 내외는 천안시에서 다시 온양에 있는 학교로 옮겼다. 희망대로 나는 온양여고, 남편은 온양고등학교로 발령받았다.

나는 공주에서 태어나, 초·중·고·대학교를 공주에서 다녔다. 1970년 7월 1일 자로 아산시 선장면 선도중학교로 발령받았다. 고향인 공주를 떠나 아산 사람이 되었다. 아산에서 이렇게 오래 살게 될 줄 그때는 미처 몰랐다. 아산에서 52년째 살고 있다. 강산이 다섯 번 바뀐 세월이다. 한번 정착하면 선뜻 옮기지 못하는 내 성격 탓인지도 모른다. 한 학교에서, 한 지역에서 만기를 채우고 이동했기에 41년간 근무했던 학교 수는 남들보다 훨씬 적다. 재직기간 41년 중, 33년을 아산에 있는 중·고등학교에서 근무했다.

사람을 사귀는데도 예외가 아니다. 인연이 있어서 만난 사람들은 그 우정이 변치 않고 오래도록 함께하고 있다. 작년에 J아파트에서 가까운 이곳으로 옮겼더니, 지인들이 제일 좋아했다. 지인들은 내가 이사하면, 아들이 사는 서울로 갈 거라 지레짐작을 한 것 같다. 일주일에 세 번 서울로 공부하러 가는 내 모습을 보고, '이제는 서울로 가겠구나.'라고 생각했단다. 온양에서 삼 남매를 낳고, 기쁜 일과 슬픈 일을 겪으면서 살아온 50년 세월이다.

2007년 10월, 아산청백리상(스승상)을 받았다. 아산시에서는 매년 고불 맹사성의 청백리 정신을 계승 발전시키기 위하여 청백리상을 수여한다. 이어 2009년 10월, 주위 사람들의 추천으로 아산시민대상(교육문화부문)을 받았다.

생각해 보면, 분에 넘치는 상이었다. 나는 아산을 사랑한다. 남들이 왜 온양을 떠나지 않느냐고 물으면, 웃으면서 하는 말이 있다.

"나는 아산 지킴이야."

택배기사

　'택배 노동자 과로방지, 생활 물류법 본회의 통과… 택배업 등록제 전환'이라는 제목의 기사가 인터넷에 떴다. 택배 노동자의 안전한 근무환경을 만들기 위한 '택배기사 과로사 방지법'이 2021년 1월 8일 국회 법사위원회를 통과했다.
　뉴스 앵커가 택배기사의 사망 소식을 전할 때마다 안타까웠다. 나는 생활용품을 인터넷으로 주문하는 편이라, 택배기사들이 우리 집을 방문하는 횟수도 만만찮다. 기사가 물건을 배달할 때마다 고마운 마음이 앞선다.
　요즈음은 택배회사에서 '택배 배송출발'이라는 제목으로 배송예정시간을 문자로 미리 알려준다. 나는 위탁 장소를 선택만 하면 된다. 내가 집에 없어도 원하는 장소에 물건을 배달해 주니 마음 놓고 밖에서 일을 볼 수 있다. 예전에는 물건을 받을 사람이 집에 없으면, 택배기사가 도로 가져가기 때문에 택배기사가 올 시간에 맞춰 집에 가야 했다.

이사한 지 석 달이 되었다. 정기적으로 우편물이 오는 곳에는 이사할 집 주소를 미리 알렸다. 미처 연락 못 한 곳에서 오는 우편물은, 새로 이사 온 주인이 우편물이 왔다고 문자로 알려준다. 전에 살던 집까지는 도보로 50여 분 걸린다. 산책코스를 일부러 그쪽으로 정해서, 산책도 할 겸 우편물을 찾으러 간다.

기다리는 책이 있었다. 토요일 오후 1시경에 우편물을 배달한다는 문자가 왔다. 내가 부탁했던 현관문 앞에 배달 완료했다는 문자를 보고, 문을 열었는데 아무것도 보이지 않는다. 택배기사에게 전화할까 하다가 조금만 더 기다려보기로 했다.

며칠 전의 일이 생각났기 때문이다. 배송을 완료했다는 문자를 받자마자 현관문을 열었는데, 물건이 안 보여서 택배기사에게 전화했다.

"문 앞에 물건이 안 보여요. 어디에 두셨나요?"

"지금 다 왔습니다."라고 택배기사가 친절하게 응대해주었다.

그런 일이 있었기에, 이번 택배기사도 아파트에 거의 다 와서 문자를 했나보다 하고 조금 더 기다려보기로 했다. 하지만, 몇 번이나 문 앞을 내다봐도 역시나 책이 보이지 않았다. 할 수 없이 전화를 걸었다.

"문 앞에 책이 없어요. 어디에 두셨어요?"

"아, 이사하셨지요?"

"예, 여기 효성아파트요."

"자이 아파트에 놓고 왔는데요. 그러면 내가 자이 아파트 경비실에 맡길게요."

제2부 개나리꽃도 피었네 59

나는 기사의 친절한 응대에 고맙다고 말했다. 택배기사는 내가 이사한 것도 알고 있다. 내 전화를 받고 경비실에 맡기겠으니 찾아가란다. 내가 전화했을 때, 다행히 택배기사가 그 아파트를 떠나기 전이었나 보다. 택배기사가 겉표지에 적힌 주소대로 배달했으니, 알아서 찾아가라고 해도 나는 할 말이 없다. 내가 살던 집 문 앞까지 다시 가서, 책을 가져다 경비실에 맡기려면 얼마나 번거로울까. 그 택배기사가 고마웠다.

택배기사들의 얼굴을 한 번도 본 적이 없다. 나는 택배기사가 보낸 문자를 받고, '고맙습니다.'라는 문자를 빠뜨리지 않는다. 택배기사들의 답을 기대한 것은 아니다.

오늘도 '고객님의 소중한 상품이 배송예정입니다.'라는 문자가 왔다. 며칠 전에 주문해놓고 물건이 도착하기만을 기다리고 있었다. 반가운 마음에 '고맙습니다. 오늘 하루도 행복하세요.'라고 문자를 보냈다. 택배기사는 내가 보낸 문자에 '제가 항상 고맙습니다.'라고 답을 주었다. 비록 문자이지만, 고마워하는 상대방의 마음을 읽을 수 있다.

내가 갖고 싶은 물건을 집 안에서 전화 한 통으로, 또는 손가락만 움직여도 모두 구입할 수 있는 세상이다. 택배 물류 회사와 택배기사들이 없다면? 우리의 생활패턴이 지금 하고는 많이 다를 것 같다. 요즘은 서로 윈윈(winwin)하는 전략이 대세다.

'택배기사 과로사 방지법'이 국회 문턱을 넘었으니, 택배기사들의 처우 개선도 기대해 본다. 내가 할 수 있는 일은 기사들의 노고에 고맙다는 문자 한 통을 보내는 정도이다. 고맙다는 내 인사말이 그들에게 조금이나마 위로가 된다면 더 바랄 것이 없다.

헌어리

아침에 일어나 거울을 보았다. 거울 속의 내 모습이 이상했다. 왼쪽 눈은 거의 감길 정도로 붙었고, 얼굴 또한 퉁퉁 부었다. 나는 깜짝 놀랐다. '아니, 이게 어떻게 된 일이지?' 엊저녁까지도 멀쩡하던 얼굴이….

친정어머니는 젊어서부터 신장염과 심장염으로 인한 부종이 심했다. 어머니는 또 천식으로 고생을 많이 했다. 어머니를 생각하면 기침하던 모습과 쌕쌕거리는 숨소리, 늘 부석부석한 얼굴이 먼저 떠오른다. 나도 어머니처럼 신장에 이상이 생겨 부종이 온 게 아닌가 하는 걱정이 앞섰다.

아침을 먹고 내과에 들렀다. 의사는 피검사와 소변검사를 하자고 제의했다. 이틀 후에 다시 오라는 말을 듣고 집에 올 수밖에 없었다.

나는 마음이 급한데, 의사는 시종 무표정이었다.

큰아들네 식구가 왔다. 큰아들 내외도 내 얼굴을 보고 놀라기는 마찬가지다.

"얼굴이 왜 그래요?"

"모르겠어. 자고 일어났는데 퉁퉁 부었다. 너의 외할머니가 신장염으로 고생하셨는데, 나도 그런가 싶어 내과에 들러 피검사와 소변검사 했어. 내일 결과 보러 가야 해."

"피부과를 가셔야지요."

"피부과?"

내가 물었다.

"제가 보기에도 피부과에 가셔야 할 것 같아요."

큰며느리도 피부과를 가보라고 말했다. 나는 피부과는 미처 생각 못 했다. 큰아들네는 하룻밤을 묵고, 다음 날 돌아갔다.

내과에 들렀다. 검사결과가 무척 궁금했다. 신장염이나 심장염이라고 하면 어떻게 하지? 나는 음식을 짜게 먹는 편이다. 부증은 짠 음식과는 상극이다. 나는 겁먹은 얼굴로 의사 앞에 앉았다. '결과가 나쁘면 어쩌나?'

의사는 차트를 보더니 피검사와 소변검사 모두 이상이 없다고 말했다. 나는 안도의 숨을 쉬었다.

"그럼 얼굴이 부은 건 왜 그렇대요?"

"일시적인 것 같아요."

일시적이라면, 시간이 지나면 나아진다는 뜻 아닌가. 얼마나 다행인가. 피부과에 가보라는 큰아들 내외의 말이 떠올라서 나온 김에 피부과에 들렀다. B진료실의 의사는 내 얼굴을 보더니 알레르기라고 말했다. 약을 처방해 줄 테니, 약을 먹고 사흘 후에 또 오라고 했다. 약을 먹었더니, 부기도 빠지고, 원래 모습으로 돌아왔다.

　알레르기의 원인이 과연 무얼까? 내가 생각한 것은 첫 번째가 염색이고, 두 번째가 마스크다. 내 주변에는 염색 알레르기로 고생하는 지인이 여러 명 있다. TV 뉴스 시간에 마스크로 인한 피부 상처를 보고 놀랐다. 마스크 알레르기가 그렇게 무서울 줄이야. 나는 마스크를 쓰고 염색한다. 어떤 게 내 알레르기의 원인일까? 내가 먹은 음식을 하나하나 떠올렸다. 평상시 즐겨 먹던 음식을 먹었을 뿐이다.

　견과류 알레르기인가? 수년간 겨울이면 땅콩을 먹어왔으니 그것도 원인이 되지 않을 것 같다. 담요를 새로 샀는데, 혹시 담요 털이 알레르기 원인일까? 새로 이사 온 아파트가 지은 지 2년 되었는데, 새집중후군이 아직 남아있나? 별별 생각이 꼬리에 꼬리를 물고 일어난다. 친구는 염색이 원인일 거라고 말한다. '그동안 염색해도 아무렇지 않았는데….' 그건 아닌 것 같다. 미세 먼지와 알레르기 물질을 제거하기 위해 공기청정기를 설치했다.

　본래의 모습으로 돌아와서 다행이다 싶었는데, 2주 후에 전과 똑같은 증상이 나타났다. 염색도 안 하고, 마스크도 쓰지 않았으니, 염색과 마스크가 알레르기의 원인이 아닌 건 분명하다. 피부과에 또 들렀다. 이번에는 A진료실의 의사가 진료했다. 원인이 무어냐고 물어보았더니, 컨디션이 안 좋으면 알레르기 반응이 일어난다고 대답했다. 컨디션?

　컨디션이 안 좋아서 얼굴이 부었다는 의사의 말이 맞는 것 같다. 스트레스는 만병의 근원이라고 하지 않는가. '방콕'하는 동안, 알게 모르게 스트레스가 쌓였나 보다. 한편으로는 '이번 기회에 알레르기 핑계를 대고, 예전처럼 흰머리로 지낼까?' 하는 생각이 문득 들었다.

O선생과 M교장하고 점심을 먹었다. 그들은 수년 전에 O여중에서 함께 근무했는데, 아직 현직에 있다. 식사하면서 내가 물어보았다.

"나, 염색하지 말고 그냥 흰머리로 지낼까?"

"교장 선생님은 피부가 깨끗해서 흰머리도 잘 어울릴 거예요."

"그렇게 하세요. 흰머리가 싫증나면 다시 염색하면 되잖아요."

그들은 내 말에 적극 찬성했다. 나도 그렇게 하기로 마음을 굳혔다. 식사를 마치고, 근처 찻집에서 차를 마시며 못다 한 이야기를 나누었다. 오랜만에 만나서 그런가 할 말이 많았다. 모처럼 날씨도 따뜻했고 화창했다. 함께 걷기에는 아주 좋은 날씨였지만, 다시 만나기로 약속하고 아쉽지만 헤어져야 했다. 커피숍에서 밖으로 나오자, O선생이 말했다.

"교장 선생님, 계속 염색하셔야겠어요."

"왜요?"

"아직은 너무 젊어서 흰머리는 안 되겠어요."

"……"

"맞아요. 교장 선생님 뒷모습이 너무 젊어요. 염색하세요."

M교장도 옆에서 거들었다.

"여든 살까지는 염색하셔도 되겠어요."

"그래요, 오 년 더 참으세요."

나는 웃으면서 대답했다.

"그러지 뭐. 나, 이따가 염색하러 갈 거야."

흰머리는 5년 후에나 하기로 마음을 바꿨다.

진정한 승자

 오늘은 영하 11도에 강풍까지…. 기상 캐스터는 반짝 추위라고 전한다. 산책하는 대신, 낮잠을 잤다. 다른 날 같으면 초저녁부터 자느라 밤에 하는 정규방송은 아예 볼 생각을 안 한다.

 밤 10시, TV를 켰다. 실로 오랜만이다. 채널을 돌리다가 '세기의 대결, AI 대 인간'이라는 자막이 눈에 들어왔다. 나는 속으로 중얼거렸다. "뭐가 세기의 대결이라는 거야?" 궁금하여 채널을 고정시키고, 편한 자세로 TV 앞에 앉았다. '모창 AI(인공지능)와 인간의 대결, 그 승자는?'이라는 진행자의 멘트가 아니더라도, 시청자가 궁금증을 갖기에 충분했다.

 AI는 컴퓨터에서 인간과 같이 사고하고, 학습하고 판단하는 고급

컴퓨터 프로그램을 말한다. 2016년 인공지능 킬러 로봇 알파고가 이세돌 9단에게 4승 1패를 거두어 인공지능이 승리했다. 알파고는 인간이 천 년 동안 기억할 것을 4주 만에 습득하는 능력을 갖고 있다. 대국이 끝난 후, 이세돌은 "인간이 패배한 게 아니라, 이세돌이 패배한 거다."라는 말을 남겼다.

4년 만에 다시 AI 모창과 인간의 노래 대결을 보게 되었다. 이 프로에 나온 여가수는 원조 디바로 불리는 O씨이다. TV 프로그램 '히든싱어'에 O씨를 섭외하고 싶어도, 모창 가수를 찾지 못할 정도로 그녀만의 색깔과 음색, 무기가 있다.

AI 모창 개발자 두 명이 TV에 출연했다. 그들은 AI는 인공지능 리포터이며, 있는 그대로 복제하는 능력을 가졌다고 말했다. 오늘 세기의 대결에 참여하는 AI에게 인간의 발성 기관을 제대로 따서 설계했다. 학습알고리즘으로 음정과 발음을 그대로 학습했다. AI는 학습이 반복될수록 스스로 판단하여 호흡과 바이브레이션까지도 재현했다는 말을 듣고 온몸에 소름이 돋았다.

이번 AI 모창과 인간의 세기 대결의 기획 의도 또한 획기적이다. 2016년 알파고와 이세돌의 바둑대결을 본 PD는 '인공지능이 인간을 뛰어넘을 수 있겠구나'하는 공포감을 느꼈다. 4년이 지난 지금, AI가 어디까지 발전했는지 함께 고민해 보자는 취지로 기획했단다.

AI 모창은 이미 10만 번의 연습을 끝냈다고 한다. 시청하는 내내 인간이 승리하기를 기원하며 초조하게 지켜보았다. 결코 만만찮은 대결이 될 거라는 예감이 들었다. 인간의 숨소리와 버릇까지 흉내 낼 수 있다니…. 그래도 한 가닥 희망을 가졌다. '기계는 예술을 창조할 수 없다. 거기다 인간의 감정까지는 흉내 낼 수 없지 않은가'하는 기대감에 TV 앞으로 바짝 다가앉았다. AI는 과연 O씨의 성량을 따라잡을 수 있을까. 만에 하나 AI가 O씨의 성량을 따라 한다 해도 디테일한 발성까지는 어렵지 않을까? 감히 AI가 흉내 낼 수 있을까? 갑자기 마음이 바빠졌다.

드디어 AI 모창과 인간의 노래 대결이 시작되었다. 노래 제목은 O씨가 공식 석상에서 단 한 번도 부르지 않았던 '야생화'를 불러 공정성을 높였다. 둘의 노래를 들은 패널이 소름 끼친다고 표현했다. 나는 아예 넋을 놓다시피 했다. 어느 쪽이 AI인지, 가수 O씨인지 알 수 없었다. 그들이 부르는 노래를 그냥 듣기만 했다. 진행자는 '이건 히든싱어랑 차원이 다르다'라며 AI 모창에게 감탄했다.

패널들의 결과는 다행히 45대 8로 O씨가 승리했다. 패널들은 선택에 어려움이 있었다고 토로했다. 하지만 AI의 발음이 어눌했다고 꼬집었다. 미세한 발음까지는 완전하게 흉내낼 수 없었나 보다. 아무리 AI가 똑똑해도 가수를 따라 잡을만한 실력이 아니라고 해서 안도했다.

단지 AI가 부르는 노래를 예술로 인정할 수 있는지가 관건이라 말한다. 이어서 사상 최초로 AI와 인간이 듀엣으로 노래를 불렀다. 듀엣곡 '편지'는 가수 故 김광석 씨 사후에 발표된 노래다. 작곡자 K씨는 1996년에 사망한 故 김광석 씨의 목소리와 가장 잘 어울리는 하모니카 사운드와 어쿠스틱 기타를 활용하여 오랜 시간 공들여 편곡했다. 故 김광석 씨의 편지를 AI 모창과 O씨가 하모니를 이루며 노래를 불렀다. 패널은 말을 잊었다. 나 또한 현기증이 나려고 했다.

AI 개발자는 "O씨의 노래를 들으면서, 인간이 이렇게 노래를 잘 부를 수 있구나 하고 감탄했다."고 말했다. 덧붙여 "AI가 가야 할 길이 멀다"고 실토했다. 어떤 패널은 보이스 피싱이라든가 나쁜 목적으로 AI가 악용된다면 무서울 것 같다고 말했다. 이 프로를 보면 목소리만으로는 가족과 타인을 구별하지 못할 것 같다. 진짜보다 더 진짜 같은데, 어떻게 구별할 수 있을까. 백이면 백, 모두 속을 것 같았다.

　AI 개발자는 끔찍한 일이 벌어지면 어떻게 하느냐고 묻는 패널에게 인공지능 목소리인지 아닌지를 판정하는 기술도 개발할 수 있을 거라고 대답했다. 정말 다행이다. 개발자는 AI를 통해서 먼저 떠난 가족의 목소리도 들려줄 수 있단다. 가슴속 깊이 상처가 되었던, 사랑하는 가족의 목소리를 생생하게 들을 수 있다니, 참으로 놀랍다.

이중인격자

　리모컨으로 채널을 돌리다가, 내가 좋아하는 노래가 나와서 TV 앞에 앉았다. 요즘 한창 인기 있는 젊은 가수 L씨와 그의 아버지 M씨가 출연하여 그들의 히트곡을 불렀다. L씨의 아버지 M씨는 가수 겸 작곡가다. 내가 알기로 부자父子의 인기가 대단했다. 사회자가 그들과 대담을 나눴다. 먼저 아들인 L씨에게 질문했다.
　"아버지 M씨는 어떤 분이신가요?"
　"아버지는 이중인격자예요."
　나는 내 귀를 의심했다. L씨의 아버지가 이중인격자라니…. 사회자도 놀랐을 것 같은데, 의외로 차분하게 다시 물었다.
　"어떤 면에서 그러신가요?"
　"아버지는 집에서는 다정하게 잘 대해 주시지만, 밖에 나오면 아주

엄하게 하셔요."

 어이없게도 L씨의 아버지가 이중인격자가 된 이유이다. 집에서는 한없이 다정스러운데, 밖에서는 너그러움이나 부드러운 말 한마디 없이 엄격하게 하는 아버지. 집에서와 밖에서 대하는 것이 다르니 이중인격자란다.

 이중인격자는 겉과 속이 다른 사람을 비유적으로 이를 뿐만 아니라, 인격의 통일성에 장애가 일어나서 생기는 이상 성격을 지닌 사람을 지칭한다. 이중인격자는 결코 좋은 뜻으로 불리지 않는다. 이중인격자와 함께 큰일을 도모하다가 변절한 사람들 때문에, 많은 사람들이 고통과 죽음을 당한 사례가 얼마나 많은가. 이럴 때, 우리는 이중인격자 때문에 큰일을 망쳤다고 말한다.

 L씨는 자신을 낳아 길러준 아버지를 이중인격자라 했으니…. 모르긴 해도 공연이 끝난 후에, 아버지 M씨한테 한소리 들었을 것 같다. 나는 L씨의 진심을 알 것 같다. 아버지 M씨를 난처하게 하려는 마음은 조금도 없을 뿐만 아니라, 그와는 반대로 시청자들에게 부각시키려는 다른 뜻이 다분히 들어 있다는 것을. 아버지 M씨가 사심私心없이 밖에서는 아들 아닌 제자로 엄격하게 대한다는 좋은 뜻인 것을. 나는 또 안다. L씨가 우리말을 제대로 표현할 줄 모른다는 사실을.

 영아 씨는 시골, 나의 시댁 이웃에 살고 있다. 어린 나이에 시집와서 동네 할머니들한테 귀여움을 듬뿍 받고 있다. 예쁘게 생긴 영아 씨는 말을 가리지 않고 내뱉는 게 큰 흠이다. 할머니들은 그런 영아 씨가 마음에 들지 않을 텐데, 아무런 편견 없이 예뻐하신다. 한여름, 할머니 여섯 명이 정자亭子에 둘러앉아 이야기꽃을 피우고 있었다. 나는 모처럼 시댁에 들렀기에, 할머니들께 인사를 드릴 겸 정자로 올라갔다.

밭에 가려고 나왔던 영아 씨는 할머니들 틈 사이로 비집고 들어왔다. 경서 할머니가 이런저런 말끝에 영아 씨 시어머니가 솜씨도 좋고 부지런해서 남의 본보기가 된다고 입에 침이 마르도록 칭찬했다. 영아 씨가 그냥 듣고만 있었으면 좋았을 텐데, 툭 내뱉은 말 한마디에 정자 안이 찬물을 끼얹은 듯 싸늘해졌다.

"우리 시어머니는 이중인격자예요. 앞에서는 칭찬하고, 사람이 없는 곳에서는 흉을 봐요."

"……."

할머니들 모두 꿀 먹은 벙어리가 되었다. 나 역시 엉거주춤한 자세로 할머니들 눈치만 보았다. 영아 씨가 굳이 지적하지 않아도, 동네 사람들은 이미 다 알고 있는 사실이다. 영아 씨 시어머니가 사람들 앞에서와 뒤에서 다르게 말한다는 것을…. 다 알면서도 영아 씨 시어머니가 없는 곳에서 입에 침이 마르도록 칭찬하는 경서 할머니의 인품이 돋보이는 분위기인데, 영아 씨의 한마디가 안타까웠다.

추석 때 시골에 들렀는데, 영아 씨의 모습은 여전히 변함이 없다. 생글생글 웃는 모습이며, 검게 그을린 얼굴이 지난여름과 별반 차이가 없다. 영아 씨 시어머니는 며느리가 한여름, 정자에서 한 말을 전해 듣고 어떤 반응을 보였을까. 나는 그게 무척 궁금했다.

그날에 있었던 그 일을 아무도 영아 씨의 시어머니께 알리지 않은 모양이다. 솔직히 누가 그런 이야기를 전할 수 있을까. 영아 씨네 집

안 풍경이 그려졌다. 영아 씨의 시어머니는 여전히 남들의 험담을 할 테고, 영아 씨는 그런 이중인격자(?) 시어머니를 경멸하면서 맞장구치고 있는 우스꽝스런 모습이….

이중인격자라는 지적을 받고도 좋아할 사람은 아무도 없을 것이다. 좋아하지 않는 정도가 아니라, 이중인격자라고 지적을 받으면 절망적일 것 같다. 사람들은 이중인격자라 지목된 사람과 가까이하기를 꺼릴 테고, 다가와도 부담스러울 것 같다. 기회가 되면 영아 씨의 시어머니에게 진실을 슬쩍 귀띔해 주고 싶다. 사람들은 앞에서든 뒤에서든 변함없는, 한결같은 마음을 가진 사람만 좋아한다고.

화양연화

화양연화는 '여자의 가장 아름다운 한때, 인생에서 가장 아름답고 행복한 순간'을 뜻한다.

2008년 2월, 새로 지은 아파트 입주민이 되었다. 지하에는 자이안 센터라고 불리는, 각종 운동기구가 구비된 휘트니스 센터가 있어 주민들이 마음껏 이용할 수 있다. 시市에서 운영하는 '찾아가는 맞춤형 여성 교육'을 이곳에서 수강할 수 있었다. 매주 화요일과 목요일 저녁에 스포츠댄스를 하던 몇몇이 모여 만든 이름이 화양연화이다. 화양연화, 모임 이름이 내 마음에 쏙 들었다.

다른 사람들의 모임 이름을 보면 톡톡 튀는 아이디어를 내어 짓기도 하고, 회원들이 다닌 학교 기수나 지명을 많이 사용하는 편이다. 또 꽃 이름이나 만나는 날짜를 모임의 이름으로 정하기도 한다.

화양연화 회원은 다섯 명이다. 처음에는 여덟 명이었는데, 세 명은 피치 못할 사정으로 모임에서 빠졌다. 스포츠댄스 종목이 없어졌지만, 우리의 인연은 지금까지 이어오고 있다.

우리는 하루 코스로 여행이나 산행을 하고, 맛집을 찾기도 한다. 태백산 눈꽃 축제도 다녀왔고, 부산 해운대, 자갈치 시장, 담양 죽녹원과 강청산, 내장사 단풍 구경, 대전 뿌리 공원, 장태산 자연휴양림, 대둔산 케이블카 등 일일이 열거할 수 없을 정도다.

작년에는 회원들과 서울 나들이하려고 시티투어버스를 이용하기도 했다. 맑고 화창한 날씨는 내 마음까지 들뜨게 했다. 우리 다섯 명은 KTX를 타고 서울역에 도착했다. 나는 늘 그렇듯이 코스가 어떻게 되는지, 이용 요금은 얼마인지 전혀 모른다. 그냥 따라만 다녔다. 광화문에서 출발하여 말로만 듣던 이태원에서 내렸다. 우리가 들어간 식당은 고풍스러운 분위기를 풍겼다. 음식까지 훌륭해서 우리 모두 만족했다.

사진도 많이 찍었다. 회원들은 사진을 찍을 때의 자세가 예사롭지 않다. 양손을 높이 벌리기도 하고, 공중부양도 서슴지 않는다. 발만 모아 찍고, 키대로 일렬로 서서 찍는다. 반면에 나는 찍은 사진마다 자세가 부자연스럽다. 카메라 앞에 한 번도 서 본 적 없는 사람처럼 매번 어색하다.

나는 그날 오후에 꼭 참석해야 할 문예 행사가 서울에서 있었다. 나 혼자 행사에 참석하고, 회원들은 계획한 대로 시티투어버스로 나머지 코스를 돌기로 했다. 집에 가는 열차 시간에 맞춰 서울역에서 만나기로 약속했다.

행사를 마치고 전화했더니, 회원들은 L아울렛 서울역점 안에 있었다. 나도 합석해서 함께 매장 이곳저곳을 구경했다. 회원들은 바로 옆에 있는 L 마트로 자리를 옮겼다. 아이들에게 줄 간식을 고루고루 사는 회원들을 보면서 엄마는 어쩔 수 없다고 생각했다.

올봄에는 금산에 있는 하늘물빛공원에서 1박을 했다. 하늘물빛정원에 들어서면 멀리서도 인사하는 사람(Greeting man) 동상이 보인다. 수목과 야생화가 관광객의 시선을 사로잡을 만큼 아름답다. 푸른 나무와 아름다운 호수가 함께 어우러지는 힐링 공간이다.

몇 주 전에 글램핑(glamping)을 이용하려고 예약했단다. 글램핑은 글래머(glamour)와 캠핑(camping)의 합성어다. 일반적인 캠핑과는 다르게 시설이 잘 갖추어져 있다. 텐트 및 다양한 장비를 별도로 준비하지 않고도, 글램핑장 내외부에 설치된 편리한 시설들을 이용할 수 있다.

젊은 회원들과 다니니 호강한다 싶었다. 글램핑을 이용하리라 전혀 생각하지 못했기 때문이다. 당연히 리조트나 콘도에서의 숙박을 예상했었다. 회원들이 식사 재료 및 간식 일체를 준비해왔다. 어쩌면 그리도 꼼꼼하게 챙겨왔는지…. 미안해서 설거지는 내가 하겠다고 나섰는데, 그 설거지마저 K가 맡았다.

글램핑장을 이용하면 찜질방을 무료로 이용할 수 있다. 나는 찜질방을 좋아하지 않는다. 대중탕에서도 열탕보다는 온탕을 선호한다. 뜨거운 찜질방에서 잠을 자거나, 열탕에 몸을 담그는 사람이 신기하게 보인다. 우리 다섯 명은 찜질방 이곳저곳을 둘러만 보고 금방 나왔다.

산 밑이라 그런지 밤공기가 차가웠다. 관리인이 화로에 장작불을 피워주었다. 챙겨 온 덧옷을 걸치고 난롯가에 둘러앉았다. 하늘에는 별이 가득했고, 회원들의 얼굴은 장작불의 붉은빛을 받아 빨갛다. 나도 분위기에 젖어 시낭송을 했다. 회원들과 오붓하게 둘러앉아 낭송하는 기분은 행사 때하고 또 다른 느낌이다.

비록 화롯불이지만, 야영에서의 절정인 캠프파이어를 하는 기분이 들었다. 집에 있다면 벌써 잠자리에 들었을 시간이다. 우리는 그렇게 한참을 앉아 있었다.

평소보다 늦은 시간에 침상에 누웠지만 잠이 쉽게 들지 않는다. 이 생각 저 생각이 꼬리에 꼬리를 물고 일어났다. 잠자리가 바뀐 탓일 게다. 나는 원래 텐트 치고 야영하는 걸 좋아하지 않는다.

그런데 이번 회원들과의 글램핑은 불편함보다는 신선함을 갖게 했고, 새로운 경험을 했다는 뿌듯함으로 가득 찬 느낌이다. 우선 회원들과 함께 있으면 나이를 전혀 의식하지 않게 된다. 나도 아직은 젊다는 자신감이 생긴다. '여자의 가장 아름다운 한때, 인생에서 가장 아름답고 행복한 순간'이다. 오래오래 이 화양연화에 머물고 싶다.

우리 모임 이름이 화양연화 아닌가.

빛나는 인생을 살고 싶으면

인기 강사 K씨의 특강이 여성회관에서 있었다. K씨는 '빛나는 인생을 살고 싶으면 새로운 일에 도전하라'는 제목으로 열강했다. K씨는 나이가 들수록 똑똑해져야 한다고 강조했다. 누구나 똑똑해지고 싶은 건 당연하다. K씨는 아직 일어나지 않은 일을 미리 고민하지 말고, 혹 안 좋은 일이 생겨도 액땜했다 생각하라고 충고한다. '아무것도 아니야, 더 좋은 일이 생길 거야'하고 나 자신에게 주문을 외워보는 것도 괜찮은 방법이라고 어필했다.

K씨의 말에 공감이 간다. K씨는 몸이 아플 때 비관하는 대신에 '내가 아픈 몸을 데리고 산다.'라고 생각하면 마음이 한결 편안해진다고 말했다. 열정이나 자신감도 연습이 필요하다. 어떤 일을 할 때도 '해도 될까?'하고 망설이지 말고 용기를 가지고 먼저 도전해보라고 말한다.

또, K씨는 마음의 온도가 열정이라고 강조했다. 열정적인 사람은 많은 일을 할 수 있고, 반대로 열정이 없는 사람은 모든 일이 귀찮아져서 자존감이 낮아진다. 늙을수록 자존감이 필요하다고 강조했다. 자신을 사랑하는 것만으로도 자존감 한 개를 키운 거라고 덧붙여 설명했다.

젊은 시절에 만나서 수년 동안 모임을 함께하는 A씨는 자신은 남의 말을 잘 듣지 않는다고 공공연하게 말한다. 그만큼 주관이 뚜렷하다는 자랑이다. 어떤 일이 생기면 심사숙고하고, 섣불리 대들지 않는다고 했다. 언뜻 보면 가장 현명한 방법 같아 보인다. 남의 말에 솔깃해서 어려운 일을 당했다는 사연을 들어 익히 알고 있기 때문이다.

지인들은 A씨에게 아주 유익하고 좋은 정보를 여러 번 알려줬다고 했다. 하지만 A씨는 생각하고 재어보고, 결국은 변명 아닌 변명을 하면서 포기한다고 전해준다. 지인들은 A씨가 평생에 세 번 있다는 좋은 기회를 놓친 것 같아서 답답하기도 하고, 한편 안쓰럽다고 종종 말했다. K씨의 말대로라면 A씨는 자존감이 낮아서일까, 아니면 용기가 없어서?

나는 남들이 하는 말을 이리저리 계산하고, 망설이고, 고민하지 않는다. 용기가 있어서가 아니라, 모든 것을 믿고 맡기는 성격 때문이다. 별 탈 없이 지금껏 잘 지내고 있는 것을 보면, 나는 운이 좋은 사람 같다. 아니, 운이 좋은 것보다 욕심이 없어서 그런 것은 아닐까. 나는 부정적인 생각보다는 늘 긍정적으로 생각하고 행동하는 편이다.

솔직히 어느 것이 딱히 좋은 거라고, 단정 지을 수는 없다. '돌다리도 두들겨 보고 건너라'는 말이 있듯이 심사숙고하는 것은 잘하는 일이다. 하지만 그 일이 기회였다면…. 행운을 놓치고 얼마나 상심할까 생각하면 또한 안쓰럽기만 하다. 이럴 때, 사람들은 모든 걸 운명에 맡긴다고 한다.

퇴직하고 어느새 10년이 지났다. 일주일, 한 달, 일 년이 번개처럼 지나가서 정신이 없다. 그만큼 나이도 많이 보태졌다. 동네 모임에 나가면 내 나이가 제일 많아서 깜짝 놀라고는 한다. 나이를 의식하면, 매사에 행동거지와 말을 조심하게 된다.

그랬던 내가 글을 쓰면서부터 나이를 잊었다. 글 밭에서 만난 문인들은 나이를 떠나서 모두 대선배들이다. 행사 때, 또는 사석에서 만난 문인들의 나이를 듣고 놀란 적이 한두 번이 아니다. 생활에 활력을 주는 글을 읽고 쓰고, 책을 읽고, 시를 외우다 보면 바빠서 늙을 시간이 없었나 보다. 아름다운 생각은 몸과 마음을 젊게 한다는 말이 맞는 것 같다.

'인생의 후반이 두렵다면 나의 무능과 부딪쳐라!'는 K씨의 말이 가끔 생각난다. K씨의 말을 곱씹어 본다. 몇 해 전까지만 해도 내 팔자에 글쓰기는 없다 생각하고 살았다. 나는 지금 인생의 후반을 두려움이 아닌 행복한 삶을 영위하고 있다. 노후를 잘 보내고 있다는 생각이 든다.

김형석 교수의 '100년을 살아 보니… 행복했습니다'라는 글을 읽고 입이 다물어지지 않았다. 김형석 교수는 '사람이 많이 모인 곳에 앉아 있으면 학생이 되고, 서 있으면 선생님이 된다.'는 신념으로 대학 강단을 떠난 뒤에도 현재까지 왕성한 강연 활동을 펼치고 있다.

2019년 1월 1일, KBS1 TV '아침마당'에서 100세가 된 소감을 밝혔다. 건강 비결이 무엇이냐는 앵커의 질문에 김형석 교수는 건강 비결은 돈보다 일을 더 사랑하는 것이라고 대답했다. 이어서 99세까지는 나이가 두 자리 숫자였는데, 오늘부터는 세 자리 숫자가 되니까, 과거의 연장인가 아니면 새 출발인가 하는 생각을 하게 되었다고 말했다. 김형석 교수는 98세 때 1년 동안 책이 두 권 나왔고, 160회 이상 강연을 다녔다. 그래서 98세이던 그해가 인생에서 제일 보람 있는 나이였다고 피력했다. 앵커의 질문이 이어졌다.

　"앞으로의 바람은 무엇인가요?"

　"오늘만 더 늙지 않고 일했으면 하는 희망이죠."

　김형석 교수의 대답은 나이 탓을 하는 사람들에게 경종을 울리고도 남았다. 김형석 교수는 지금까지 살아오고 일한 것에 감사한 마음 한편에는, 앞으로 어떻게 남은 인생을 이끌어가야 하나 하는 우려도 있단다. 그래서 얻은 결론은 "더 늙지는 않아야겠다. 늙는 것은 이걸로 끝내고 싶다."고 자신의 희망 사항을 전한다. 100세 되신 분이 새해를 맞이하는 소감, 얼마나 멋진가.

　나도 내 인생에서 가장 빛나는 순간이 언제였던가 생각해 보았다. 나는 수필가로 시인으로, 시낭송가로 거듭난 내 삶에 나름대로 보람을 느끼고 산다. 아름다운 생각과 희망을 품고 인생 이모작을 잘 가꾸어 나가야겠다. 또 소원이 있다면, 나도 더 늙지 않고, 늙는 것은 이쯤에서 끝내고 싶다.

　앞으로 빛나는 인생을 살기 위해, 새로운 일에 끊임없이 도전해야겠다고 다짐해 본다.

개나리꽃도 피었네

우리는 생각이 조금 부족한 사람, 자기의 분수를 모르는 사람, 아무 때고 앞에 나서서 설치는 사람을 흔히 푼수라고 말한다.

여성산악회에서 구미 금오산도립공원에 다녀왔다. 여성산악회는 매달 셋째 주 금요일, 아름다운 산과 둘레길을 걸으며 하루를 즐긴다. 여성산악회는 회원이 모두 여자이고, 나이 제한이 없다. 회원들은 개인의 건강과 나이에 알맞게 산행을 하거나 둘레길을 걷는다. 맞춤 산행이라 크게 부담이 없어 좋다.

지난달에 공지하기를 이번 달 산행 장소는 김천 직지사였다. 아침에 버스를 타고서야 장소가 구미 금오산으로 바뀐 사실을 알았다.

12월 중순인데, 금오지池를 낀 올레길 둑에 개나리와 진달래가 활짝 피었다. 앞서가는 사람들도 개나리와 진달래를 봤을 텐데, 아무런 말이 없었다. 아마 앞만 보고 가느라고 길섶에 핀 꽃들을 못 본 모양이다. 이 겨울에 개나리와 진달래가 꽃을 피웠으리라고는 상상도 못 했을 테니까.

먼저 내 눈에 띈 꽃은 노란 개나리다. 놀랍고 반가움에 "어머나, 개나리가 피었네."라고 말했다. 뒤따라오던 회원이 "뭐야! 풍수인가 봐. 봄도 아닌데…"라고 말하며 나를 제치고 앞장섰다. '풍수? 개나리가 풍수라고?' 나는 풍수라는 말이 생경하게 들렸다. 앞으로 몇 발자국 더 나아가니, 이번에는 여러 송이의 진달래꽃이 보였다.

나는 계절을 초월해서 핀 꽃을 보는 순간, 무언지 모르는 뜨거운 불덩이가 가슴속에서 일렁였다. 나는 풍수라는 말 대신에 "너희들 참 대단하다. 장하다."라고 속삭였다. 꽃이든 사람이든 상대방을 즐겁고 기쁘게 해준다는 건 정말 대단한 일이 아닐까.

지난달에 이어 이달에도 버스 좌석이 여러 개 비어 있었다. 가족이 추운 날씨에 산행은 위험하니 집에 있으라고 말렸는지, 낯익은 얼굴들이 안 보였다. 나도 작은아들의 전화를 받았다. 작은아들의 첫마디가 "산행 안 가시면 안 돼요?"였다. 나는 취소할 수 없다고 말했고, 작은아들은 땅속이 얼어서 미끄러울 수도 있으니 아이젠을 꼭 챙기라고 당부했다.

금오산도립공원 주차장에서 한 20여 분 걸으면 대혜폭포까지 가는 케이블카를 탈 수 있다. 나는 함께 간 숙이와 케이블카 왕복권을 끊었다. 금오산도립공원 내 계곡에서는 물을 구경할 수 없었다. 대혜폭포도 예외가 아니다. 계속되는 가뭄에 물줄기가 말라서 폭포라는 말이 무색할 정도다. 폭포에서 내려오는 세찬 물소리를 기대했는데 무척 아쉬웠다. 숙이가 사진을 찍어주면서 "여기, 경치가 정말 좋아요."한다. 콸콸 쏟아지는 폭포수가 있었으면, 경치가 훨씬 더 멋있을 텐데….

금오산은 소백산맥 지맥에 솟은 산으로, 산 전체가 바위로 이루어져 기암절벽에 급경사가 많다. 대혜폭포에서 정상까지 1시간 30분이 더 소요된다는 안내자의 말에, 등산은 포기하기로 했다. 대신 대혜폭포를 배경으로 사진 찍고 주변을 둘러보다가, 케이블카를 타고 내려가서 금오지 올레길을 걷기로 했다. 산악회에서는 해마다 각종 축제에 맞춰 코스를 정하기 때문에 예전에 갔던 곳을 또 가게 되는 경우도 많다. 경치 좋은 곳은 몇 번을 가도 늘 새롭고, 환호성이 절로 나온다. 산행 때마다 느끼는 일이지만, 우리나라 산천은 언제 어디를 가나 경치가 아름답고 수려하다. 정말 금수강산이다.

올레길을 걷는 사람들은 대부분이 동네 사람 같아 보였다. 가벼운 옷차림으로 삼삼오오 짝지어 걷는다. 이렇게 아름다운 길을 매일 산책할 수 있는 그들이 부러웠다. 겨울 날씨답지 않게 햇볕이 따스했고, 바람도 불지 않았다. 적당히 시원하고 쾌적한 날씨였다.

집에서 나올 때 옷차림이 내내 신경 쓰였다. 두꺼운 방한복을 입으면 너무 더울 것 같고, 봄·가을용 등산복만 입으면 바람이 속까지 들어와서 감기 걸릴까 걱정되었다. 망설이다가 얇은 바람막이 점퍼를 안에 입고, 겉에 봄·가을용 등산복을 입었다.

숙이는 "내년 봄에 친구들하고 다시 와야겠어요."라고 말했다. 나도 내년에 다시 오자고 맞장구쳤다. 우리 아파트에는 여성산악회 회원이 여섯 명이다. 이달에는 숙이랑 둘만 참석했다. 산행 장소가 김천 직지사에서 구미 금오산으로 바뀌었다고 미리 공지했더라면, 몇 명은 더 올 수도 있었을 텐데…. 숙이는 금오산의 매력에 푹 빠진 것 같았다. 단풍도 멋있을 것 같다면서, 가을에도 또 오고 싶다고 말했다. 숙이는 친구들에게 자랑한다고, 스마트폰을 계속 눌렀다.

금오지 주변은 말 그대로 한 폭의 그림이다. 산이 있고, 숲이 있고, 역사문화디지털센터가 있다. 개나리와 진달래가 반겨준다. 푼수라는 소리를 들으면서까지 이 겨울에 핀 개나리와 진달래는 사람들의 관심과 사랑을 받고 싶었던 것은 아닐까.

개나리와 진달래는 봄이면 으레 피는 꽃이라 크게 대접을 받지 못한다. 담장에 노란 개나리가 피고, 산에 울긋불긋 진달래꽃이 보이면 어느새 봄이 왔구나 하고 예사롭게 지나치기 십상이다. 그런 개나리와 진달래가, 한겨울에 꽃을 피워 사람들의 시선을 한 몸에 받으면서 귀한 대접까지 받는다.

늦게 내려온 회원들이 진달래와 개나리를 보고 한마디씩 했다. "어머나, 진달래다." "개나리꽃도 피었네." 회원들은 개나리와 진달래를 스마트폰에 담느라 분주했다.

귀하게 대접받는 개나리와 진달래가 부러웠다. 나도 저 꽃들처럼 뒤늦게 꽃을 피우는 인생을 살 수만 있다면 얼마나 좋을까. 나는 요즘 수필, 시, 시낭송에 이어 소설과 동화까지 넘보고 있다. 공부하느라고 일주일을 하루같이 바쁘게 보내고 있다. 나이로 보면 나는 분명 한겨울에 접어들었다. 그 때문에 공연한 욕심을 부리는 게 아닌가 싶어 슬그머니 주눅이 드는 것도 사실이다. 그러면서도 글밭에만 가면 없던 의욕과 기운이 새삼 솟구친다.

수필이든 시든, 그리고 시낭송이든, 소설과 동화든, 나는 공부하는 것이 좋고, 공부하러 가는 길이 즐겁고 행복하다. 이런 나를 보고 이웃과 지인들은 과연 뭐라고 말하는지 궁금할 때가 많다. '푼수'라고 지적하는 사람이 개중에는 없지 않을 것도 같다. 그렇지만 나는….

누가 뭐라고 말하든, 나는 개의치 않겠다. "개나리꽃도 피었네"라는 말에 나도 포함되면 좋겠다.

눈먼 자들의 도시

리모컨으로 TV 채널을 계속 돌렸다. 자막에 '눈먼 자들의 도시'라는 소제목이 눈에 띄었다. '실화탐사대'라는 프로였다. 지금까지 '실화탐사대'는 과학 이야기인 줄 알고 시청할 생각을 하지 않았다. 이번에도 '눈먼 자들의 도시'라는 자막이 없었다면, 채널을 다른 곳으로 돌렸을지도 모른다.

눈먼 자들의 도시는 포르투갈 작가 주제 사라마구가 1995년에 발표한 소설 제목이다. 소설은 어떤 남자가 차를 타고 가다가 갑자기 눈이 멀어지면서 전개되는 이야기다. 눈이 멀면 까맣게 보여야 하는데, 남자는 온통 우유처럼 하얗다고 말한다. 그러면서 갑자기 눈먼 자들이 늘어나기 시작한다. 정부는 전염을 우려하여 눈먼 사람들을 격리

시킨다. 안과의사가 눈이 멀어 격리되자, 그의 아내는 눈이 멀지 않았다는 사실을 숨기고 남편을 돕기 위해 병동에 들어간다.

감시자인 군인들의 폭행과 살인 등, 짐승보다 더 못한 취급을 받는다. 그들의 더러운 짓을 참을 수 없었던 의사의 아내는 대장격인 한 남자를 죽인다. 얼마 후 사람들의 눈이 다시 보이기 시작한다. 반면에 안과 의사의 아내는 시야가 하얗게 보인다고 말하면서 소설은 끝난다.

눈먼 자들의 도시? 무슨 내용인가 궁금하여 TV 앞으로 바짝 다가앉았다. 시청하는 내내 긴장감과 공포감에 숨을 제대로 쉴 수 없었다. 안타깝다 못해 화가 났다. 어떻게 이런 일이 우리나라에서 일어날 수 있단 말인가.

평소 밝은 성격이었던 L씨는 작은 불빛만 봐도 벌레가 꿈틀거리는 것처럼 보여 일상생활을 할 수 없었다. 햇빛에 눈이 부셔서 선글라스 없이는 외출조차 어렵다. 그녀는 창문마다 빛이 들어오지 않도록 캄캄하게 커튼을 쳤다. 휴대폰 충전기나 셋탑박스의 작은 불빛도 모두 검은 테이프로 가렸다.

그녀와 유사한 증상을 보이는 사람이 지난해 9월부터 급증했다. 안과의사는 시력을 잃은 환자를 보고도 원인을 알 수 없어 당황했고, 수술방 실장은 안타까움에 눈물을 흘렸다. 환자가 생긴 장소가 한 군데에 국한된 것이 아니라 전국에 퍼져 있었다. 안과의사는 후배 의사로부터 한 통의 전화를 받았다. 후배 의사는 A주사제를 사용했는지를 물었다.

시력이 점점 떨어지고, 벌레가 꿈틀거리는 것처럼 보이는 원인이 밝혀졌다. 이들은 곰팡이균에 감염되었다. 치료해도 재발 가능성이 높고, 최악의 경우 안구 적출까지 해야 하는 무서운 감염병이다. 귤에 곰팡이가 피면 썩어가는 모습처럼 각막이 녹는 현상이다. 나는 전율했다.

  TV에 나온 환자들의 사정은 하나같이 딱했다. 효도 선물로 자녀가 어머니에게 백내장 수술을 권했는데, 불행하게도 어머니는 실명 위기를 맞았다. 자녀들이 후회의 눈물을 흘렸다. 효도가 아닌 원망을 낳았다. 26세 된 청년은 렌즈 삽입술을 받고 곰팡이균에 감염되었다. 이제 막 회사에 입사했는데, 치료를 위해 결근하는 일이 많다 보니 퇴사 압력을 받고 있다고 하소연했다. 그 청년의 어머니는 절규했다.

  생계를 위해 배달까지 해야 하는 한 환자의 사정도 딱하기는 마찬가지다. 엘리베이터의 숫자가 안 보여서 애쓰는 모습 등, 다양한 사연을 시청하면서 안타까움을 넘어 분노까지 치밀었다.

  2020년 9월에서 11월 사이에 백내장, 녹내장, 렌즈 삽입술 등, 수술한 환자들이 곰팡이균에 걸린 것으로 확인되었다. 곰팡이균에 걸린 환자들은 하나같이 가슴을 쳤다. 왜 하필이면 그 시기에 수술을 받았단 말인가. 좀 더 일찍 받던지, 그 시기를 피해 늦게 했다면….

  전국에 146명이 감염되었지만, A주사제를 생산한 제약회사는 42명만 보상해 줄 계획이라고 발표했다. A주사제는 현재 판매중지 처분이 내려졌다. 피해자들이 곰팡이균과 A주사제의 인과관계를 입증해야 하는 상황이 벌어진 것이다. 입증할 방법이 까다롭고 막연하기 때문이다.

옛말에 몸이 천 냥이면, 눈이 구백 냥이라 했다. 눈이 그만큼 중요하다는 의미이다. 주제 사라마구의 '눈먼 자들의 도시' 끝 장면이 떠올랐다. 눈먼 사람들이 하나둘 눈을 뜨듯이, 곰팡이균에 감염된 환자들이 치료를 받아 정상으로 돌아오기를 기대해 본다.

사람들은 '운이 좋다, 운이 나쁘다'라는 말을 한다. 수년 전에 나도 백내장 수술을 받았다. 나는 운이 좋았다. A주사제를 사용하여 수술을 받은 환자들만 억울할 뿐이다. 어디에 하소연할 수 없다는 것도 안타깝지만, 실명의 위험을 안고 살아야 하는 하루하루가 지옥이 아닐까. 소설과 현실이 겹쳐지면서 나도 잠시 세상이 하얗게 보이는 듯했다.

'눈먼 자들의 도시'이다.

제3부
안개도 비자다

패션의 완성

　개그콘서트에 '패션의 완성'이라는 코너가 있었다. 개그맨이 우스꽝스러운 옷차림을 하고 나와서 '패션의 완성!'을 외치면 방청객들이 폭소를 터뜨렸다. 시청하는 나도 따라 웃었다.

　멋있다는 말을 들으면 기분이 좋아질 뿐 아니라 행복하기까지 하다. 사람들에게 예쁘게 보이고 싶은 것은 인지상정이다. 유행을 초월해서 자기만의 개성을 고집하는 사람도 있지만, 사람들은 보편적으로 유행을 따르는 편이다. 유행은 획기적이고 새로운 패션을 선보이기도 하지만, 돌고 돌아서 다시 복고풍으로 바뀌기도 한다.

　패션의 유행기간은 들쭉날쭉이다. 사람들의 선호도에 따라 몇 년 동안 이어지기도 하고, 반짝하고 나왔다가 금방 사그라들기도 한다. 웃옷의 길이가 길어졌다가 짧아지고, 바지통이 넓어졌다 좁아지고 다시 넓어진다. 옷장에 몇 년 동안 장식용으로 걸려있는 옷을 처분하지 못하고 있는 것도 그 이유이다. 언제인가는 다시 입을 수 있을 것 같아서다.

  대한민국 패션의 변천사는 1930년대 모던보이와 신여성 복장부터 1970~1980년대 복고풍 복장까지를 말한다. 1967년 미국에서 살던 가수 Y씨가 미니스커트를 입고 귀국했다. 그 후 미니스커트는 전국을 휩쓸더니, 급기야 무릎 위 15㎝ 이상 올라가면 처벌한다는 단속령이 떨어졌다. 미니스커트 뒤를 이어서 롱스커트와 나팔바지가 대유행이었다. 특히 나팔바지는 환경미화원이 필요 없다는 유모어가 나돌 정도로 거리를 휩쓸고 다녔다. 요즘 옷차림은 유행에 상관없이 완전 자유이고, 개성시대이다. 나만의 룩을 고집하기도 한다.

  요즘은 봄이라고는 하지만 아침과 저녁은 싸늘하다 못해 춥다. 나는 오전 9시경이면 아파트 옆 둔치로 산책을 나간다. 둔치에는 스타킹도 신지 않고, 핫팬츠만 입고 나오는 젊은 여자가 눈에 띈다. 이런 경우는 바라보는 입장에서 여간 민망한 게 아니다. 날이 풀리면 곳곳에서 이런 옷차림의 젊은 여성들을 볼 수 있다. 무릎 위 15㎝ 미니스커트가 무색할 정도다. 개성이라고 하기에는 너무 지나치다 싶다.

  요즘 트렌드는 뭐니 뭐니 해도 마스크인 것 같다. 마스크하면 의사들이 쓰는 흰색 마스크가 제일 먼저 떠오른다. 나는 원래 마스크 착용을 좋아하지 않았다. 미세 먼지가 그렇게 극성을 부려도 마스크를 착용하지 않고 외출했다. 작은아들이 아침마다 보내는 문자로 "엄마, 오늘은 미세 먼지가 심하대요. 외출할 때, 꼭 마스크 하세요."라고 했지만, 나는 마스크 착용을 기피했다.

　그랬던 나였는데, 코로나19가 전 세계를 공포로 몰고 간 후로 달라졌다. 내 취향에 상관없이 패션(?)의 흐름을 따라가고 있다. 집에서 가까운 마트에 가려고 엘리베이터를 탔다가, 거울에 비친 내 모습에 마스크가 없으면 얼른 집으로 다시 들어와 마스크를 하고 나간다. 이제는 마스크를 안 하면 외출 자체가 꺼려진다. 당연히 마스크를 안 한 사람이 이상하게 보인다. '저 사람은 왜 마스크를 안 썼지?' 혼자 묻는다. 이제 마스크는 내 머리에 꼽는 머리핀과 같은 액세서리가 되었다.

　코로나19는 사람들의 인물과 스타일까지 완전히 바꾸어 놓았다. 얼굴이 잘생겼는지, 빼어나게 예쁜지 분별하기 어렵다. 그 사람이 입은 옷이 모 백화점의 유명 메이커인지도 관심이 없다. 오로지 마스크만 눈에 띈다. 눈만 빼꼼히 내놓고 눈동자만 움직인다. 내 앞에 있는 사람이 기뻐하는지 슬퍼하는지 전혀 감이 잡히지 않는다.

　코로나19는 마스크의 색깔을 평범한 흰색과 검은색에서 벗어나 일곱 빛깔 무지개 색, 꽃무늬 등 다양한 색깔을 탄생시켰다. 유명 홈쇼핑 카탈로그에는 안면 마스크, 위생마스크, 볼 마스크(햇빛으로부터 양 볼을 가려주는)가 올라와 있다. 모양도 단순한 직사각형에서 육각형, 타원형, 목까지 가려서 햇빛으로부터 자외선을 차단하는 미용용 마스크도 있다.

　'하루 종일 귀 안 아프다'라는 문구와 함께 3D 입체마스크가 등장했다. 신축성이 뛰어나고 부드러운 폴리우레탄 소재로 만들어졌고, 일명 연예인 마스크로 유명한 제품이라고 광고한다. 요즘은 항균원단 무봉제 마스크가 인기품목이라고 한다. 말 그대로 항균 기능과 자외

선 차단에 효과가 있는 기능성 제품이라고 소개한다. 마스크 착용 시 원활한 호흡을 도와주어 답답함을 감소시켰으며, 장시간 사용해도 불편하지 않다고 한다. 이제는 의상보다 마스크 판촉에 열을 올리는 시대가 된 것 같다.

　지인이 영국 여왕 엘리자베스 2세의 사진 세 장을 카톡으로 보내주었다. 사진 속의 영국 여왕은 보라색 의상에 보라색 마스크와 모자, 노란색 의상에는 노란색 마스크와 모자, 연두색 의상에는 연두색 마스크와 모자 차림을 한 모습이다. 그 사진을 보는 순간에 내 입에서 "아, 정말 우아하고 멋있다" 라는 말이 튀어나왔다.

　가히 패션의 완성이다!

내 고향 유구

올여름은 폭염과 열대야가 예년에 비해 매우 길었다. 나는 더위를 많이 탄다. 열대야로 숙면을 못한 탓에 낮에도 피곤했다. 새벽, 잠자리에서 일어나 거실로 나오자마자 에어컨을 켰다. TV를 켰더니, 더위에 지친 사람들의 모습을 방영했다.

이번 주 날씨는 어떤지 인터넷 검색을 하다가 눈이 번쩍 띄는 내용을 접했다. 청정 생태하천에서 '제4회 유구천 우렁각시 축제'가 8월 2일부터 3일까지 충남 공주시 유구천 생태공원 일원에서 열린다는 연합뉴스였다.

유구는 내가 태어나고 자란 내 고향이다. 초등학교 때, 해마다 여름이면 유구천에서 친구들과 고동을 잡고 멱을 감았다. 지금은 아련한 추억 속에서 친구들을 만나고 있다.

고향의 소식을 인터넷에서 접하고 나니 반가움에 흥분되었다. 유구천 우렁각시 축제는 죽어가던 유구천을 친환경 1급수의 청정 생태하천으로 탈바꿈시킨 것을 기념하는 축제다. 또 생태하천에 대한 어린이와 청소년의 관심을 유도하기 위해 2011년 여름방학에 처음으로 개최했다.

가족과 함께 시원한 물줄기를 감상하며 더위를 식힐 수 있는 '아水라장'과 우렁이 잡기 대회 등 다채로운 프로그램이 있다고 했다. 우렁이 버스 투어, 페이스 페인팅, 오리배 타기, 소원 풍등 날리기, 친환경 생태습지 견학 등이다.

우렁각시 축제에 대해 더 알고 싶었지만, 아쉽게도 2014년 이후로는 나오지 않는다. 유구천에 물이 말라서인 것 같다. 해마다 여름이면 가뭄이 들고, 겨울에도 눈이 많이 내리지 않는 탓일 게다.

유구천은 물이 맑고 수량이 풍부하며 구간 곳곳에 50개에 달하는 보(洑)가 있다. 붕어, 쏘가리, 잉어 등 다양한 민물고기가 서식하기 때문에 낚시꾼들이 많이 찾았다. 올봄에 큰아들 내외와 손녀 하윤이를 데리고 유구를 다녀왔다. 유구천을 지나면서 여름이면 이곳에서 친구들과 물놀이를 즐겼다고 얘기해도 아들 내외는 별 반응이 없다. 그도 그럴 것이 유구천에는 물이 없었다.

내가 어렸을 때, 유구천의 나무다리는 매년 홍수에 떠내려가, 자취도 없이 사라지기 일쑤였다. 많은 사람이 시뻘건 흙탕물이 굉음을 내며 흘러가는 유구천을 보려고 나왔다. 나는 어머니와 함께 범람한 유구천을 바라보았는데, 그때마다 현기증이 나고 무서웠다. 물 구경(?)

제3부 엄마도 여자다 97

나온 사람들은 검은 돼지가 떠내려간다고 소리 질렀다. 부엌살림은 말할 것도 없고, 외양간 지붕인지 헛간 지붕인지 알 수 없지만, 초가지붕도 빠른 속도로 떠내려갔다. 사람들은 구경만 할 뿐 속수무책이었다.

유구천에서 우렁각시 축제를 한다니까 옛날 생각이 난다. 초등학교 3학년 여름에 어머니께서 한창 유행하던 지지미 나일론 원피스를 사주셨다. 나일론 원피스는 가벼운 것은 말할 것도 없고, 저녁에 빨아 널면 다음 날 아침에 입을 수 있었다. 나는 나일론이 풀을 안 먹여도 되고, 다림질이 필요 없어서 좋았다. 어렸을 때, 옷을 자주 갈아입어서 어머니께 꾸중을 많이 들었다. 그때는 모든 빨래에 풀을 먹이고 다림질을 했기에, 한 번 입고 벗어던지는 딸이 예뻐 보이지 않았을 것 같다. 그 시절, 지지미 나일론 원피스값이 꽤 비쌌던 걸로 기억된다.

어머니께서 사주신 지지미 나일론 원피스를 입고 친구들과 유구천으로 멱 감으러 갔다. 친구들과 물장구치면서 노느라, 늘 하던 습관대로 벗어 놓은 옷에 신경을 안 썼다. 신나게 놀고 물속에서 나왔는데, 내 원피스가 없어졌다. 신발은 있는데, 원피스는 아무리 찾아도 안 보인다. 그 와중에도 어머니께 꾸중 들을 것이 걱정되었다.

친구들은 모두 옷을 입었고, 나만 속옷 차림으로 뙤약볕에 서 있었다. 그렇다고 속옷만 입고 갈 수도 없고, 그때를 생각하면 지금도 등에 땀이 난다. 나는 자갈밭에 앉아서 기다렸고, 친구가 우리 집에 가서 옷을 가져와 무사히 집에 갈 수 있었다.

어머니는 꾸중 대신에 무늬가 조금 다른 지지미 나일론 원피스를 또 사 주셨다. 나는 남동생만 셋이라서 늘 새 옷만 입었다. 반면에 어머니는 옷을 물려줄 여동생이 없다는 이유로, 나에게 한 치수 큰 옷을 사 입히셨다. 언니나 여동생이 있는 친구들은 몸에 꼭 맞는 옷을 입었는데, 그게 그렇게 부러웠다. 어린 시절, 내 몸에 꼭 맞는 옷을 입는 것이 소원이었다.

설화, 나무꾼과 선녀를 대할 때면 어린 시절 내가 잃어버린 그 원피스가 떠오른다. 고향은 생각만 해도 나를 티 없이 맑은 어린 시절로 돌아가게 한다. '향수'를 노래한 정지용 시인 못지않게, 내 고향 유구는 꿈속에서도 그리운 곳이다.

실수와 삶의 여유

인간의 수명이 120세로 늘어났다고 한다. 수명도 늘고, 삶의 질도 높아졌다. 국민경제의 급속한 성장으로 생활수준도 향상되었지만, 삶은 각박하고 팍팍하다고들 말한다. 한 치의 오차도 허락지 않고, 정해진 매뉴얼에 따라 기계처럼 움직인다면 삶이 피폐해질 것 같다. 인간미가 없어 가까이하고 싶지 않을 것도 같다. 나는 긴장 속에 전전긍긍하기보다는, 정신적 삶의 여유를 느끼며 살고 싶다.

몇 년 전에 온양관광호텔에서 큰형님 내외의 구순 잔치가 있었다. 남편은 7남 3녀 중 넷째. 7남 3녀의 배우자와 아들과 딸, 손자와 손녀, 증손 자녀…. 우리 가족만으로도 대형 홀을 채우고 남았다. 형님이 사시는 동네 어르신들이 봉고 버스를 전세 내서 하객으로 오셨다.

구순 잔치는 식순에 따라 진행되었다. 구순 잔치라 시끌벅적할 줄 알았는데, 조금은 숙연한 분위기였다. 형님 내외의 증손 자녀와 형제들의 손자녀들이 뛰어다니며 웃는 소리가 식장을 활기차게 했다. 행사 진행 순서대로 큰형님의 아들과 딸이 하객에게 인사했다. 뒤이어 조카가 노래 '어머니의 마음'을 불렀다. 여기저기서 훌쩍이는 소리가 들렸다. 노래 '어머니의 마음'은 부를 때나 들을 때마다, 울컥하며 눈물이 난다. 가사와 곡이 심금을 울린다.

    낳실제 괴로움 다 잊으시고
    기르실 제 밤낮으로 애쓰는 마음
    진자리 마른자리 갈아 뉘시며
    손발이 다 닳도록 고생하시네

나도 목이 메었다. 그런데 '어! 이게 뭐지?' 노래 가사와 곡이 이상하다. 분명 귀에 익은 노래인데…. 조카의 노래는 계속 이어졌다.

    참되거라 바르거라 가르쳐주신
    스승은 마음의 어버이시다
    아아 고마워라 스승의 사랑
    아아 보답하리 스승의 은혜

훌쩍거리던 축하객들이 폭소를 터트렸다. 나도 배를 쥐고 웃었다. 조카는 '어머니의 마음'으로 시작해서 '스승의 은혜'로 노래를 끝냈다.

군사부일체君師父一體, 임금과 스승과 부모님의 은혜는 똑같다고 하지 않는가. 웃음소리가 끝날 기미를 보이지 않는다. 엄숙한 분위기보다 백배 낫다 싶었다.

꼬마들은 어른들이 웃는 이유도 모르면서, 엄마와 아빠가 웃고 있으니 덩달아 신이 나는가 보다. 조카의 노래 후에는 본격적인 잔치 분위기로 접어들었다. 동네 어른들이 노래방 기기에 맞추어 노래를 불렀다.

국민가수 S씨의 실수담도 재미있다. S씨는 생방송에서 '번지 없는 주막'을 불렀다.

  문패도 번지수도 없는 주막에
  궂은 비 내리는 이 밤도 애절구려

S씨는 '번지 없는 주막' 1절을 부르다가, 그만 '울고 넘는 박달재'로 넘어갔다.

  왕거미 집을 짓는 고개마다 구비마다
  울었소 소리쳤소 이 가슴이 터지도록

밴드들 사이에 조용한 소요가 일었다. S씨는 순간의 위기를 밴드가 센스있게 맞춰줘서 2절은 '울고 넘는 박달재'로 자연스럽게 넘어갔다고 말했다. S씨는 천연덕스레 '역시 밴드는 프로'라고 치켜세웠다.

방송인 B씨가 '한 곡 같은 두 곡을 불렀으니 욕심도 많다'라고 S씨를 놀렸다. 함께 가요프로에 참석한 가수들이 그 실수담을 듣고 폭소를 자아냈다.

'번지 없는 주막' 가사와 '울고 넘는 박달재' 가사를 놓고 보니, 두 가사가 너무 잘 어울린다. 문패도 번지수도 없는 주막에 궂은비가 내리니, 가슴이 터지도록 울고도 싶고 소리치고 싶지 않을까. 가수도 혼동할 만큼, 두 곡의 가사는 서민들의 애환을 담고 있다.

남의 실수담을 듣는 우리는 재미있지만, 생방송에서 실수한 S씨는 얼마나 당혹스러웠을까. S씨의 실수에 비하면, 조카의 실수는 애교에 속한다. 가끔 귀여운(?) 실수는 메마른 삶에 웃음을 주고, 때에 따라서는 사람을 활기차게 하기도 한다. 상대방에게 피해를 주지 않는 실수는, 주변 사람을 편하게 한다.

나는 배꼽 빠지게 웃으며, 삶의 여유를 즐기고 싶다. 어디 재미있는 실수담 없나요?

내일은 해가 뜬다

작은아들이 전화했다. KBS 가요무대 녹화 방청권을 신청했는데 당첨되었다는 연락이었다.

"엄마, 가실 수 있으셔요?"

"날짜가 언제니?"

작은아들이 알려준 월요일은 다행히 다른 일정이 없었다.

작은아들이 내 집에 왔을 때, 나는 가요무대를 보고 있었다. 예전에 방영했던 프로였지만, 나는 가요무대를 즐겨 시청한다. 작은아들은 속으로 '엄마는 가요무대를 좋아하는구나.'라고 생각한 것 같다. 집에서 TV로 정규방송이나 재방송을 시청할 뿐, 한 번도 방송국에 가서 녹화하는 모습을 본 적이 없다.

작은아들과 약속한 시간에 만나서 저녁을 먹고, 방송국 공개홀로 갔다. 대기실에는 이미 많은 사람들로 혼잡했다. 방청권이 당첨된 사람은 당첨된 티켓을 지참하고 진행요원의 안내를 받으며 한 줄로 서 있었다. 방청권 없이 온 사람들은 공개홀에 도착한 순서대로 또 줄을 서서 기다렸다.

가요무대의 주제는 '세월 그리고 인생'이다. 세월의 무상함, 흐르는 세월과 인생을 노래하는 시간이다. 공개홀은 만원이었다. 첫 곡은 이번 주 가요무대의 주제에 맞춰 S씨가 '가는 세월'을 불렀다. 그동안 가요무대에 여러 번 나왔던 가수들이 출연해서인지 녹화장이 낯설지 않았다. 방청객들은 아는 노래는 따라 부르며 화기애애한 분위기 속에 모두 하나가 되었다.

가수 J씨가 가요 '사노라면'을 열정적으로 불렀다. 1절은 멋지게 불렀는데, 2절은 한 소절만 부르고는 "미안합니다! 가사를 잊었습니다." 한다. 다시 1절부터 불렀다. 간주가 나오고 2절 들어가자마자 또 "아, 미안합니다. 가사를 계속 잊어버리네요."라고 재차 미안하다고 말했다.

무대 조명을 담당한 기사가 옆의 기사에게 "나이가 많아서 그래."라고 하는 소리가 들렸다. 나뿐이 아니라, 무대 앞에 앉은 사람들은 모두 들었을 것 같다. '세월 앞에 장사 없다'는 속담이 있다. 어느 누구도 세월을 비켜 갈 수 없다.

세 번째는 전광판에 나오는 가사의 글자를 키워서 노老가수가 잘 볼 수 있도록 했다. 이번에는 1절 가사를 틀리게 불렀다. 그래도 무사히 넘어가는구나 싶었다. 출연자 모두 준비한 녹화를 마쳤다. 사회자가 마무리 멘트를 하려는데, 그가 무대로 나오더니 한 번 더 부르겠다고 요청했다. 1절 가사가 틀려서 찜찜했나 보다.

　방청객들은 뜨거운 박수로 그를 격려했다. 80세가 넘은 그는 아직도 정정했다. 그 열정이 부러웠다. 나는 속으로 '아, 자존심이구나.'라고 생각했다. 그는 '늙으면 어쩔 수가 없다, 세월을 이길 장사는 없다.'라는 소리를 듣고 싶지 않았을 것 같다. 아직도 무대에서 얼마든지 기량을 펼 수 있다는 무언의 몸짓으로 보였다. '이 나이에도 젊은이들과 기량을 겨룰 수 있다. 나는 전혀 문제없다.'라고 주먹을 불끈 쥐었을 것 같다. 나는 그의 노래가 끝났을 때도 힘찬 박수를 보냈다.

　　사노라면 언젠가는 밝은 날도 오겠지
　　흐린 날도 날이 새면 해가 뜨지 않더냐
　　… … … … … … … … …
　　내일은 해가 뜬다 내일은 해가 뜬다

　국민가수라고 하는 S씨도 2절 가사 첫 구절이 틀려서 다시 불렀고, 젊은 신인 여가수도 가사를 바꾸어서 불렀다. 가요무대에 나오는 가수들은 방영 날짜보다 몇 주 전에 녹화한다. 잘못된 부분은 다시 녹화하고, 편집하여 방영하니 그나마 다행이다 싶다.

　채널을 돌리다 보면 각종 가요 부르기 대회가 많다. 의상부터 용모는 말할 것도 없고, 최선을 다해 부르는 출연자를 보노라면 손에 땀이 난다. 그들은 다시 부를 기회는 없다. 단 한 번의 경연으로 당락과 순위가 정해진다.

　가수가 되기 위해서 도전하는 사람들과, 시청자들과 함께 마음을 나누고 삶을 노래하는 기성 가수들에게 응원의 박수를 보낸다. 나는 혼자 시청할 때는, 가사에 내 마음을 실어 울고 웃는다. 세월의 흐름이야 내 힘으로 막을 수 없지만, 내 인생이니까 이왕이면 즐겁고 행복하게 살아가고 싶다.

> 비가 새는 작은 방에 새우 잠을 잔데도
> 고운 님 함께라면 즐거웁지 않더냐
> … … … … … … … … …
> 내일은 해가 뜬다 내일은 해가 뜬다

노래 가사는 우리 인생을 대변하는 내용이 많다. 내가 바로 그 가요의 주인공이 된 것 같은 착각마저 들곤 한다. 나는 가요 '사노라면'의 가사를 보지 않고는 온전히 부르지 못한다. 하지만 마지막 구절인 '내일은 해가 뜬다 내일은 해가 뜬다'는 자주 흥얼거린다. 사노라면 분명히 맑은 날도 흐린 날도 있다. 나 역시 오늘보다 나은 내일을 기대하며, 하루하루를 열심히 살아가고 있다. 내일은 오늘보다 더욱 행복하고 재미있고 즐거운 날이 될 것 같아서 희망도 갖는다. 내일은 내일의 해가 뜰 테니까.

병아리 떼 쫑쫑쫑

    5월 셋째 주 토요일, 9시부터 유소년축구대회가 탄천변 제1운동장에서 있었다. 일곱 살 된 손자 현민이가 이 시합에 출전했다.
    수서역에서 작은아들과 만나 탄천종합운동장으로 갔다. 이른 시간인데도 유니폼을 입은 아이들과 학부모가 관중석에 자리 잡고 있었다. 노란색 유니폼을 입은 꼬마 선수들은 꼭 노랑 병아리 떼 같다. 현민이도 노란색 유니폼으로 갈아입었다.
    9시 정각에 경기를 시작했는데, 현민이가 속해 있는 팀이 상대편에게 밀렸다. 가슴을 졸이며 관전하는 경기가 아니라, 유치원생들의 재롱잔치에 초대된 기분이었다. 햇살 좋은 앞뜰의 병아리들이 모이 주는 주인을 따라 우르르 몰려다니는 모습과 흡사하다. 꼬마 선수들의 열띤 경쟁이 귀여워서 웃음이 나왔다.

반면에 작은아들은 운동장에서 뛰고 있는 현민이보다 더 흥분한 것 같았다. 이번 시합에 큰 기대를 걸고 있는 듯했다. 작은아들이 유소년 축구팀 코치를 만날 때마다, 현민이의 개인기가 뛰어나다는 칭찬을 들었기 때문이다. 나도 말은 안 했지만, 현민이가 찬 공이 상대편의 골대 안으로 들어가기를 바랐다.

몇 달 전에도 S시에서 유소년축구대회가 있었다. 경기를 시작하자마자 현민이가 첫 골을 넣었고, 세 경기를 뛰는 동안에 세 골을 넣었다. 이번 경기에서 현민이는 한 골도 넣지 못했다. 현민이는 공을 몰고 앞으로 나가지 않고, 뒤에서 계속 상대방이 가진 공을 뺏기만 했다.

나는 경기가 끝나고 집으로 돌아오는 차 안에서 "현민아, 다음에는 공을 몰고 앞으로 달려가."라고 말했다. 현민이는 "감독님이 이번 경기는 수비하라고 했어요."라고 대답했다. 나는 아무 말도 못 하고 현민이 손등을 토닥여주었다.

작은아들은 현민이가 늦은 밤에 축구경기를 시청하는 모습이 안쓰럽다고 말했다. 작은아들이 TV를 그만 보고 자라고 재차 말했지만, 현민이는 "꿈을 포기할 수 없어."라고 대답했다. 나는 작은아들한테 그 말을 전해 듣고 놀랐다. 유치원생이 그런 말을 했다는 것이 믿기지 않아서다. '꿈을 포기할 수 없다니….'

현민이의 꿈은 축구선수이고, 손흥민 선수를 좋아한다. 이번 경기에서 골을 넣으면, 관중들을 위한 세리머니까지 준비했다는데…. 지금은 뒤에서 수비만 하고 있지만, 현민이가 다음 경기에서는 어떤 맹

활약을 할지 모른다. 일주일에 세 번, 유소년 축구단에서 축구 실기 수업을 받고 있다.

현민이가 축구복을 입고 찍은 사진을 작은아들이 보내줬다. 프로축구선수라 해도 손색이 없는 포즈다. 고슴도치는 제 새끼가 제일 예쁜 줄 안다는데, 나도 고슴도치와 별반 다르지 않은 것 같다. 귀엽고 깜찍한 손녀 하윤이도 예쁘고, 운동에는 만능인 손녀 현서와 제 아빠보다 덩치가 더 큰 손자 현우도 듬직해서 좋다.

현민이는 또래 중에서 덩치가 큰 편은 아니다. 작은아들이 현민이와 축구연습을 할 때, 어찌나 행동이 날렵한지 공을 뺏기 어렵다고 했다. 나는 작은아들이 과장해서 하는 말인 줄 알았다. 성인이 일곱 살 어린아이가 굴리는 공을 못 뺏는다는 게 말이 되지 않아서다. 오늘 어린이들의 축구경기를 보며 내 생각이 잘못되었다는 걸 알았다. 어른들이 쉽게 공을 뺏을 수 없을 만큼 어린이들은 훈련이 되어 있었다. 기량도 어른 못지않아 보였다.

수년 전에 O중학교에서 근무할 때다. O중학교는 야구부, 유도부, 육상부가 있었다. 교무부장과 체육부장이 1학기 중간고사를 보는 날에 친목 경기를 했으면 좋겠다고 말했다. 1학년 야구부와 남자 교사들로 나뉘어 야구경기를 하기로 정했다. 여자는 교장인 나만 끼워준다고 했다.

성인 남자와 초등학교에서 막 올라온 1학년 학생들과의 시합이라니…. 게임이 되지 않을 것 같았다. 해보나 마나 교사들이 이길 게 분명했다. 1학년 학생들은 아직 초등학생 티를 못 벗은 아주 귀여운 모습이다. 오전에 중간고사를 끝내고, 점심 식사 후에 체육복으로 갈아입고 운동장에 나갔다. 운동장에는 이미 야구복을 입은 앳된 모습의 1학년 야구부가 대기하고 있었다. 2학년과 3학년 야구부들도 야구복 차림으로 주변에 모여 있다.

　내가 제일 먼저 야구방망이를 들고 타자로 나섰다. 투수는 내가 치기 좋도록 공을 던져줘서 쉽게 칠 수 있었다. 투수가 공을 받으려고 하니까, 2학년과 3학년 선수들이 공을 받지 말라고 소리 질렀다. 덕분에 나는 아무런 장애물 없이 1루에 도착했다. 그 가까운 거리를 뛰었는데도 숨이 찼다.

　그다음 남자 선생님이 공을 쳤지만, 금방 아웃이다. 나는 2루를 향해서 뛰었다. 1학년 선수가 공을 집어 2루로 던지려고 하니까, 이번에도 2·3학년 선수들이 1학년 선수를 향해 "공 던지지 마!"라고 소리 질렀다. 나는 2·3학년 선수들의 배려와 응원에 힘입어 1점을 획득했다. 남자 선생님들은 한 점도 못 얻고, 1학년 학생과의 시합은 1:6으로 싱겁게 끝났다. 얼마나 피나는 훈련을 했으면 성인들에게 1점만 주고(1점도 크게 양보해서) 대승할 수 있을까.

　여름날 뙤약볕에서 땀을 뻘뻘 흘리며 훈련하는 학생들을 보면 대견하다는 마음보다 안쓰러웠다. 한겨울 운동장에 쌓인 눈을 치우면, 밤새 눈이 또 수북이 쌓였다. 훈련은커녕 또 눈을 치워야 했다. 선수들은 방학도 없이 훈련을 반복했다. 나는 야구부는 물론이고, 유도부와 육상부 학생들을 만나면 언제나 격려의 말을 아끼지 않았다.

　오늘 현민이가 출전한 유소년축구대회에 가서 응원해 보니, 그때

운동하던 학생들 모습이 떠올라 감회가 남달랐다. 공부와 운동을 겸하다는 게 여간 어려운 일이 아니라는 사실을 알기에 현민이의 꿈을 응원하면서도, 안타까운 마음이 앞서는 것을 누르지 못했다.

작은아들과 현민이와 셋이서 하루를 보냈다. 어린 손자가 그 힘겨운 운동을 한다고 새벽에 일어나 운동장에서 한나절을 보낸 게, 할머니인 나는 자랑스럽기도 했고 안쓰러웠다.

선수가 아닌, 친구들과 평화롭게 모이를 찾아 종종종 몰려다니는 병아리였으면 좋겠다.

일상을 바꾸다

산책하려면 아파트 내에 있는 약국 앞을 지나가게 된다. 다른 날보다 일찍 산책하러 나갔다가 기이한(?) 현상을 보게 되었다. 약국에서부터 아파트 정문 다리까지 한 줄로 긴 줄이 이어졌다.

마스크를 사러 온 사람들인 걸 뒤늦게 알았다. 약국 문이 열리기도 전에 주민들이 미리 와서 기다리고 있었다. 약국은 물론 편의점, 마트에도 마스크가 품절이다. 마스크 5부제, 마침내 정부에서 마스크 수급 안정화 대책으로 지정된 날에만 공적 마스크를 구입할 수 있도록 했다. 공적 마스크! 생전 처음 들어보는 말이다.

내가 마스크를 살 수 있는 날은 수요일이다. 주민등록증을 지참하고 일찍 서둘렀다. 1시간 30분을 기다려 마스크 두 장을 샀다. 내가 마스크 두 장에 뿌듯해할 줄이야…. 아이들한테 문자로 마스크 두 장

샀다고 자랑했다. 아홉 살인 손녀가 문자를 보냈다.
"축하해요, 할머니!"
마스크 두 장 사고 축하받기는 또 생전 처음이다. 코로나19로 인하여 생전 처음 해보는 것이 점점 늘어간다.
코로나19가 사람들의 일상을 180도로 바꾸어 놓았다. 가히 슈퍼급이다. 학교가 개학을 늦추고 각종 행사를 취소하고 문화센터는 폐쇄했다. 가족의 방문도 자제해야 한다. 본의 아니게 이산가족이 되어야 했다. 피치 못할 사정이 있어 지인을 만나야 할 경우에는, 마스크를 쓰고 손 소독을 하고 나간다. 우리나라만이 아니다. 세계가 코로나의 위험으로부터 벗어나기 위해 총력을 기울인다. 군인들까지 동원한 나라도 있다. 완전 전시戰時 체계다.
코로나19는 2019년 12월 중국 후베이성 우한시에서 원인불명의 폐렴이 발병하면서 시작되었다. 세계보건기구(WHO)는 2020년 1월 30일 코로나19에 대해 '국제적 공중보건 비상사태(PHEIC)'를 선포했다. 우리나라를 비롯해 이탈리아·이란에 이어 미국에서 확진자가 기하급수적으로 늘어나자 WHO는 3월 11일 감염병 세계적 유행인 팬데믹(pandemic)을 선포했다. 뉴스는 연일 확진자 수와 사망자 수를 보도한다. 뉴스를 보는 것만으로도 겁이 난다.
코로나19 여파로 사상 초유의 개학 연기가 결정되었고, 처음으로 온라인 개학을 발표했다. 또 새 역사를 쓰고 있다. 온라인 개학, 전국 초·중·고의 개학이 교사와 학생이 대면하지 않고 원격으로 수업을 진행한다고 했다. 진학을 앞둔 고3·중3 수험생부터 순차적으로 온라인으로 개학한다. 3월 2일은 손자 현민이가 초등학교에 입학하는 날이었다. 입학을 축하해 주러 가려고 열차표를 예매했다. 두 아들은 재택근무 중이라고 문자를 보내왔다.

코로나19로 계간문예창작원도 2주간 휴강한다는 소식에 조금 실망한 것은 사실이다. 그동안 겨울과 여름방학은 단 1주간이었던 걸 생각하면 2주는 긴 방학이다. 강의를 못 들어서 조금 서운했지만, 그동안 바쁘다는 핑계로 미루었던 글을 써야겠다고 마음먹었다. 2주가 두 달이나 넘길 줄은 꿈에도 상상 못했다.

지구온난화 영향으로 지구의 평균기온이 전례 없이 급격하게 상승하고 있다. 엄동설한, 삼한사온이라는 말이 무색할 정도다. 지자체에서 주최하는 빙어 축제, 얼음조각 축제를 취소했다는 소식을 들었다. 이때만 해도 단순히 관광객이 줄어들고, 스키장을 찾는 사람이 없어서 손해를 보겠다고 생각했다.

인간의 신체도 기氣의 균형이 깨지면 병이 찾아오듯 자연의 기운도 조화를 잃으면 전염병이 발생한다. 운기運氣는 오운육기五運六氣의 약칭이다. 운기의 부조화로 인한 재앙이 일어난다. 즉, 더워야 하는 여름에 서늘하거나, 추워야 하는 겨울에 따뜻한 경우는, 전염병이 돌고 농작물이 피해를 입는다.

나는 이번 코로나19는 재앙 중의 재앙이라 생각한다. 전 세계가 코로나19로 몸살을 앓고 있다. 몸살이 아니라, 완전 중태에 빠져 허우적거리고 있다. 지난주 일요일은 부활절이었다. 교회를 다녀온 제자가 카톡으로 문자를 보내왔다.

"오늘 마스크 쓰고 오랜만에 교회 가서 예배드렸어요. 모두 복면가왕처럼 마스크 쓰고 찬양을 ㅋ~"

제자는 오랜만에 부활절 예배를 드렸는데, 모두 마스크 쓰고 찬양하는 모습이 MBC에서 일요일에 방영하는 '복면가왕'을 보는 것 같았다고 문자를 보냈다. 원래 가면은 자신을 감추기 위해서 하는 변장이다. 복면가왕은 특이한 가면으로 얼굴을 가리고 노래를 부르는 프로그램이다. 출연자들이 나이, 신분, 직업을 숨기고, 오로지 목소리만으로 실력을 발휘하는 버라이어티 프로그램이다. 패널들과 방청객, 시청자들이 가면 속의 주인공을 맞추는 재미도 있다.

요즘 마스크를 쓰지 않고 공공장소에 민낯을 드러내는 것은, 타인을 배려하지 않는 무례한 행동으로 보인다. 자신을 숨기기 위한 비밀스러운 마스크가, 타인에게 공격받지 않고 자신을 지키기 위한 수단이 되었다. 타인과의 접촉을 피하다 보니, 점점 고립되어 가는 생활을 선택하고 있는 것 같아 쓸쓸하다.

지금 나는 마스크 2장을 구입하고 축하받는 세상, 손자 현민이가 손꼽아 기다리던 입학식도 원격으로 하는 세상에 살고 있다. 요즘 나의 유일한 낙은 산책이다. 아무 생각 없이 걷는다. 산책할 때, 마스크에 모자를 쓰고 앞만 보고 걷는다. 이웃과의 교류가 단절된 세상에 살고 있다.

코로나19는 나의 일상을 확 바꾸어 놓았다.

나만 챙기면

서울역 근처에서 모임이 있었다. 토요일이나 일요일, 공휴일에는 열차표가 매진이라 미리 예매해야 한다. 천안아산역에서 서울역 가는 열차표는 일찌감치 예매했다. 회의가 끝나는 정확한 시간은 알 수가 없다.

서울역에서 천안아산역까지 오는 열차표는 대충 시간을 재보고 늘 하던 대로, 시간대를 다르게 두 장을 예매했다. 그중 한 장은 회의 끝나는 시간을 보고 취소하기 위해서다. 회의가 예상보다 늦어지기도 하고, 어느 때는 빨리 끝나기도 해서 열차 시간에 맞추기가 쉽지 않다.

서울역 대합실에 일찍 도착해서, 모처럼 출발시간까지 여유가 있었다. 역 안에 있는 빵집에서 내가 좋아하는 팥빵 12개들이 한 상자를 샀다. 가방은 등에 메고 빵 상자가 들어있는 종이봉투는 손에 들었다.

KTX를 타면 서울역에서 천안아산역까지는 40여 분 걸린다. 천안아산역에서 내려, 집에 가기 위해 시내버스를 탔다. 제일 앞자리에 자리 잡고, 종이봉투는 의자 옆에 놓았다. 나는 일주일에 3일은 서울에서 강의를 듣는다. 늦은 나이에 시작한 글쓰기 공부가 재미있다. 마음속으로 '서울을 오가며 공부할 수 있는 건강을 주셔서 감사합니다.'라고 기도했다. 아무리 배우고 싶어도 건강이 따라주지 않으면 말짱 도루묵 아닌가. 미소를 지으며 아파트 앞 정류장에서 하차했다.

의기양양하게 길을 건너 아파트로 걸어가는데 무언가 허전하다. 분명히 가방은 등에 메었는데…. 아차! 내 손에 들려 있어야 할 종이봉투가 없다. 차에 두고 내린 거다. 아쉽긴 해도 어쩔 수 없었다. 이미 시내버스는 보이지 않았다. 버스가 보였다 해도 이제는 아무런 소용이 없다.

'향미가 그대로 배어 있는 빵을 그 누군가가 맛있게 먹어주면 된다.' 하고 마음을 내려놓았다. 아파트 내 마트에 들러 직원에게 빵이 들어 있는 종이봉투를 시내버스에 두고 내렸다고 말했더니 "그래도 가방은 챙기셨네요."한다. 나는 직원의 말에 어이가 없었지만, 웃으며 "가방뿐 아니라 나까지 챙겼어요."라고 대답했다.

얼마 전에 큰아들하고 나누었던 이야기가 생각났다. 연세가 많은 부모를 모신 사람들의 고충에 대해서 초점이 모아졌다. 노부모는 산소 호흡기에 의존하여 생명만 연장하고 있는 상태이고, 자녀들은 그런 부모에게 매몰차게 산소 호흡기를 떼라고도 못하는 상황을 예를 들어 이야기를 나누었다.

나는 속으로 '끝이 언제일지는 모르지만, 죽는 날까지 건강을 지켜서 아이들에게 부담되는 일은 없도록 해야겠다.'라고 생각했다.

　일요일, 아침부터 비가 내렸다. 봄비다. 오늘 할 일을 메모했다. 농협도 들르고, 프린트 잉크와 본드를 사야 한다. 꽃꽂이 교실에도 들러야 했다. 먼저 편의점에서 교통카드를 충전했다. 가까운 농협 CD기에서 돈을 인출했다. 꽃꽂이 교실 주차장에 차를 주차하고, 우산을 찾으니 방금 전에 썼던 우산이 안 보인다. 편의점에 갈 때 분명히 우산을 썼던 기억은 난다. 차의 앞 좌석, 뒷좌석을 보고 또 봐도 우산은 없다. 농협에서 돈을 인출 하고 우산을 놓고 나온 것 같다. 할 수 없이 트렁크에서 여분으로 가지고 다니던 손잡이가 긴 우산을 꺼냈다.
　꽃꽂이 교실에 들러 부탁한 자료를 전하고, 프린트 잉크를 사러 하이마트에 들렀다. 검은색 잉크를 구입했다. 아파트에 도착하여 뒷좌석에서 우산을 찾으니 또 안 보인다. 아무리 생각해도 하이마트에 두고 온 것 같아 전화했더니 내가 말하는 손잡이가 긴 체크무늬 우산은 없단다. 꽃꽂이 교실 강사도 그런 우산은 못 보았다고 한다. 반나절 만에 우산 두 개를 잃어버렸다.
　우리 아이들이 어렸을 때, 우산이나 신발주머니를 자주 잃어버렸다. 아이들뿐 아니라, 남편도 갖고 나간 우산을 제대로 챙겨 온 일은 거의 없었다. 내가 우리 가족 중에서 제일 잘 챙기는 편이었는데, 몇 년 전부터, 들고 나간 우산과 양산을 잃어버리고 빈손으로 들어오기 일쑤다. 양산은 언제 잃어버렸는지 아예 모른다. 양산이 필요해서 쓰려고 보면 없다.
　나는 웬만큼 비가 내려서는 우산을 안 쓴다. 그 이유는 팔이 아파서

다. 그냥 비를 맞는다. 여름에도 양산 대신 부채로 햇빛을 가린다. 가끔 쓰고 나간 우산과 양산을 잘 잃어버리는 게, 따지고 보면 아픈 팔 때문이라고 억지 아닌 억지를 부려본다. 자주 들고 나갔으면 잘 챙겼을 텐데…. 핑계 아닌 핑계다.

근래에 식당이나 카페에서 가방을 안 챙기고 그냥 일어서는 일도 부지기수다. 함께 간 사람들이 일어서면서 "이 가방 누구 거야?" 해서 보면 내 가방이다. 작년 추석에 차 키를 집에 잘 두었는데, 어디에 두었는지 생각이 안 나서 지금도 보조키를 사용하고 있다. 시간이 날 때마다 자주 이용하는 가방, 서랍 등을 뒤져보지만 차 키는 보이지 않는다.

마트 직원 말대로 가방은 챙겼으니 서운해 할 일은 아니다. 가방하고는 비교가 안 될 만큼 소중한 나를 챙기지 않았는가. 의기소침해하지 말고 씩씩하게 비가 내리면 우산을 쓰고, 햇볕이 따가우면 양산도 들고 나갈 거다. 우산과 양산은 잃어버리면 또 구입하면 된다. 그러나 건강을 잃으면 모든 것을 잃는다. 죽는 날까지 건강을 유지해서 우리 아이들에게 짐은 되지 말아야겠다는 생각이다.

오늘도 나만 잘 챙기면 된다.

다이어트

　체중계의 눈금을 읽었다. 어제보다 눈금이 더 올라갔다. 세상에! 거울에 비친 내 얼굴이 대학교 졸업 앨범 사진 속 모습을 연상하게 한다. 통통하게 살이 올랐다. 산책하는데 걸음을 빨리 걸을 수가 없다. 코로나19로 외출은 물론, 산책마저도 나 몰라라 했었다.
　전에 마트를 갈 적마다 사다 놓은 식료품이 이번에 효자 노릇을 톡톡히 하고 있다. 먹지도 않을 거면서, 매번 사다가 재워 놓은 그 냉동식품을 골라서 꺼내 먹고 있다.
　L백화점에 점포를 갖고 있는 소희가 전화했다.
　"언니, 뭐 필요한 것 없어요? 내가 구입해서 언니 집에 들를게요."
　나는 마음 써주는 소희가 고마웠다. 소희는 말을 이었다.
　"좀 전에 마트 갔다가 놀랐어요. 사람들이 라면, 과자, 말린 과일,

냉동식품, 통조림을 가득가득 사 가는 거예요. 혼자 있는 언니 생각이 나서요."

소희는 다른 사람들이 사재기하는 걸 보고 내가 생각났단다. 아무 때고 필요한 것 있으면 전화하라고 거듭 말했다. 지금은 코로나19의 감염으로 서로 조심하고, 만나는 것 자체가 불안한 시절 아닌가. 일부러 우리 집까지 식료품을 전달하겠다니, 소희의 마음 씀씀이가 가상했다.

TV 뉴스를 시청했다. 코로나에 걸려 격리되었던 60대 노인이 사망했다고 전한다. 그 노인은 지병이 있었다고 한다. 아나운서는 '노인은 면역력이 약해 폐렴 발병 위험도 크고, 발병 시 꾸준한 운동과 충분한 휴식을 통해 면역력을 기르는 것도 도움이 된다. 65세 이상 된 노인은 면역력을…' 코로나19 예방에 있어 가장 중요한 것은 체내 면역력을 높이는 것이란다.

아나운서는 면역력에 좋은 음식을 챙겨 먹으라고 친절하게 일러준다. 얼른 냉장고로 달려간다. 냉동실을 열었다. 전에 넣어 두었던 고기, 떡, 빵, 만두, 옥수수 등으로 냉동실이 꽉 찼다. 무얼 먹을까 잠깐 고민했다. 만두부터 찌기로 했다. 나는 코로나19로 칩거하는 동안, 냉장고와 아주 친밀한 관계가 되었다.

'봄철 호흡기 건강을 지키는 핵심은 수분 섭취다. 호흡기 점막이 촉촉해야 세균, 바이러스 감염을 피할 수 있다. 코로나19를 예방하려면 뜨거운 물을 자주 먹어야 한다.'라는 지인이 보내준 카톡 내용이다. 나는 한겨울에도 냉수를 즐겨 마셨다. 카톡의 문자를 보고 정수기에서 따뜻한 물을 받아 마신다. 배가 부르다. 물만 먹어도 살이 찐다고 걱정하던 친구가 생각났다. 정말 물만 먹어도 살이 오를 것 같다.

코로나19에 안 걸리려면 감기를 조심하란다. 생강이 감기에 좋다고 해서, 몇 년 전에 만들어 보관한 생강청 한 수저를 먹었다. 면역력을 키우려면 비타민을 충분히 섭취해야 한다기에 사과를 또 먹는다. 종일 냉장고 문을 열었다 닫았다 하고 있다.

체중계에 올라갔다. '어마나!' 나도 모르게 한숨(?)이 절로 나왔다. 몸무게가 많이 늘었다. 스트레스 받지 말고 숙면을 해야 코로나19를 물리칠 수 있단다. 마음을 비우자고 스스로 다짐한다.

시간이 없어서 글을 못 쓴다는 말이 말짱 거짓인 것을 이번에 알았다. 시간이 너무 많이 남아도는데도 컴퓨터를 멀리하고 TV 볼륨만 높이고 있다. 괜히 거실을 왔다갔다하고, 베란다를 들락날락해도 마음이 진정되지 않는다. 심란할 때는 미장원에 가서 머리를 자르고, 파마라도 하면 한결 기분이 나아지는데…. 미장원에도 무서워서 못 간다.

대신 멋없게 늘어지고 휘어진 다육이를 시원하게 잘랐더니 속이 다 시원하다. 화원의 다육이는 멋진 화분에서 개성을 발휘하여 보는 이들에게 기쁨을 준다. 반면에 내가 키우는 다육이는 제멋대로 자란 탓인지, 볼 때마다 정돈되지 않은 어수선한 느낌이 들었다.

그동안 미뤘던 냉장고 청소도 말끔히 했다. 이왕 손댄 김에 주방 수납장도 정리하자고 마음먹었다. 살 때는 분명히 필요했을 텐데, 한 번도 사용하지 않은 것들이 수납장을 차지하고 있다. 조금 아깝다는 생각에 도로 집어넣었다가 '아마 필요한 사람이 있을 거야'하고 과감하게 내놓았다.

코로나19로 칩거하는 동안에 화분과 냉장고, 주방 수납장은 다이어트를 확실하게 한 셈이다. 문제는 내 몸무게이다. 몸무게는 아무래도 코로나19가 끝나야 정상으로 돌아갈 것 같다. 체중계의 눈금이 올라간 것은 몸의 무게뿐만이 아니라, 걱정, 근심 등, 불안한 마음의 무게가 더 큰 탓일지 모른다. 뉴스를 시청하는 내내 두려워서 안절부절못했으니까…. 이제는 노심초사하지 말고 태연자약하고 의연한 모습을 보이고 싶다.
　이번 기회에 머릿속도 다이어트를 해야겠다.

돼지 만세

2019년 기해년은 황금돼지해다. 예로부터 돼지는 재복을 상징하는 동물이다. 나는 강아지도 좋아하고, 돼지도 좋아한다.

풍요를 상징하는 돼지와 황금이 함께 어우러진 2019년, 부자가 되는 희망을 가져본다. 돼지꿈을 꾸고 복권을 사서 일등에 당첨되었다는 이야기도 심심찮게 나온다. 돼지해에 태어난 사람은 일반적으로 순수하고 성실하다는 평을 듣는다. 성질이 다소 급하지만 열정적이고 정직하다고도 한다. 특히 돼지띠 여자는 예의 바르고 온순한 성격을 가진 것으로 알려져 있다.

돼지는 인간과 오래 전부터 동고동락했다. 잔칫날에 돼지를 잡고, 치성을 드릴 때는 돼지머리를 상에 올린다. '돼지'를 검색했더니, '부부처럼 긴긴 세월 함께한 인간의 동반자'란다. 예로부터 돼지는 제천의 희생물로 쓰였으며, 매우 신성시했다. 돼지는 생김새에 비해 겁이 많은 동물이라, 혼자 있는 것을 두려워하고 밝은 곳을 찾는 습성이 있다.

 어린 시절, 우리 동네는 집집마다 구정물을 받아놓는 통이 있었다. 해질 무렵이면 동네 아주머니와 아저씨 부부가 큰 양동이에 각 가정에서 내놓은 구정물을 옮겨 담았다. 그게 돼지 먹이였다. 나 역시 돼지는 아무거나 다 잘 먹는 잡식동물로만 알고 있었다. 돼지는 사람들이 남긴 음식 찌꺼기를 먹을 뿐만 아니라, 말귀를 전혀 못 알아들을 정도로 미련하다고 생각했다.

 대부분의 사람들이 돼지는 뚱뚱하고 욕심이 많으며 지저분하다는 고정관념을 갖고 있다. 그건 어디까지나 편견이다. 돼지는 우리가 알고 있는 것과 반대로 깔끔하고 후각이 발달했고, 3~4세 어린이의 지능을 가졌다고 한다.

 사람들은 인물이 조금 빠진다 싶으면 '돼지같이 못생겼다'라고 표현한다. 살집이 남보다 조금 좋은 사람에게는 '돼지처럼 뚱뚱하다'라고 한다. 말 못 하는 돼지는 많이 억울할 것 같다. 요즘은 TV동물농장에도 가끔 등장하여 돼지만의 독특한 매력을 시청자들에게 보여주고 있다.

 동물농장에 소개된 돼지들을 보면 웃음이 절로 나온다. TV에 출연한 돼지 형제가 집안을 초토화시키는 건 애교에 속한다. 예쁜 옷을 입고, 뒤뚱뒤뚱 걸을 때는 뒷모습이 일품이다. 돼지들은 얼마나 영리한지 주인의 말을 다 알아듣는다. 주인의 손 움직임에 따라 빙글빙글 돌기도 했다. 제주도 O게스트 하우스에 사는 미니 돼지 여섯 마리는 그

곳을 찾는 관광객에게 즐거움과 행복감을 갖게 한다. 인천의 S 초등학교에 사는 돼지 뚱이는 아이들의 친구였다. 반려돈이다.

늦은 가을, A산악회는 아산에서 가까운 안성 서운산으로 산행했다. 정상에서 각자 싸 온 간식을 나누어 먹었다. 나와 동갑인 P씨가 "이거 돼지감자예요."하고 비닐봉지를 풀었다. 돼지감자가 당뇨에 효험이 있어 많이 찾는다는 말은 들었지만, 실물은 처음 보았다.

"이거 어떻게 먹어요?"라고 물었더니 껍질 벗기지 말고 그냥 먹으라고 말했다. P씨는 돼지감자를 씻어서 생으로 먹어야 좋다고 덧붙였다. 돼지감자를 처음 보았고, 맛을 본 것도 그날이 처음이다.

몇 해 전에 시골에 사는 친구 집에 갔는데, 집 옆 둑에 키가 큰 노란색의 꽃이 피어있었다. 내가 친구에게 꽃이 예쁘다고 말했더니, 돼지감자 꽃이라고 알려줬다. 친구네 돼지감자 꽃은 정말 예뻤다.

여섯째 동서가 담근 김치는 유난히 시원하고 맛이 있다. 우리 아이들도 그 동서가 담근 김치가 제일 맛있다고 말한다. 추석 이튿날에 동서네 집에 들렀다. 송편과 함께 내놓은 김치가 역시 시원하고 맛있었다.

"김치가 정말 맛있어."했더니 돼지파를 넣었단다. 나는 돼지파가 어떻게 생겼는지 몰랐다.

"돼지파? 돼지파가 뭐지?"하고 물었다. 동서가 보여준 돼지파는 생소한 것이 아니었다. 어렸을 때, 시골 할머니 댁에서 새끼로 묶어 처마에 걸어 놓은 것을 보았었다. 쪽파하고는 조금 다르다.

냉장고가 없던 옛날에는 김치 담글 때 돼지파를 꼭 넣었다고 한다. 돼지파를 넣으면 김치가 빨리 시어지는 것을 방지하고, 국물 맛이 시원하기 때문이다. 돼지파는 몸을 따뜻하게 해줘서 혈액순환을 원활하게 하는 효과가 있다. 돼지파는 봄에 쪽파처럼 뽑아서 잎까지 먹을 수 있다. 돼지파 줄기를 파김치 담듯이 젓갈을 넣어 담는다. 줄기 부분이 맵지 않고 연하고 아삭한 맛에 사람들이 좋아한다. 일식집에서 초밥 먹을 때 나오는 락교가 돼지파이다. 요즘은 돼지파가 흔하지 않아서 값이 비싼 편이라고 한다.

나는 돼지 같다는 말은 성격이 모나지 않고, 복이 많은 사람이라는 뜻의 칭찬으로 들린다. 성격이 좋고 복이 많은 사람이라면 최고의 찬사가 아닌가.

돼지 만세다!

강아지 두 마리

　2017년 2월 19일, A산악회 시산제가 있는 날이다. 산행 장소는 경북 예천 회룡포로 정했다. 그날 일정은 장안사에 들른 다음, 시산제를 지낸 후에, 윷놀이와 제기차기가 계획되어 있었다. 새벽에 일찍 출발했기에 시산제 지낼 시간까지는 여유가 있었다. 정상에서 아래를 내려다보니 회룡포가 보인다.

　가뭄으로 말라버린 포구가 스산하다 못해 을씨년스럽다. 회룡포는 회오리치듯 휘감아서 생겨난 지형이 마치 육지 위에 떠 있는 섬을 연상케 한다. 낙동강 지류인 내성천이 용이 비상하듯 물을 휘감아 돌아간다 해서 회룡포라는 이름이 붙여졌다.

　시산제를 지내고, 점심 식사 후에 제기차기와 윷놀이를 했다. 제기차기는 아예 나설 생각조차 하지 못했다. 여섯 팀으로 나누어 윷놀이를 했는데 우리 팀은 일찌감치 탈락했다. 다른 팀의 윷놀이를 구경하며 응원했다. 열띤 경쟁 속에 1, 2, 3등이 결정되었다.

돌아갈 시간까지는 여유가 있다. 주차장 근처에는 동네 주민들이 말린 나물과 약초 등을 팔고 있었다. 길 한쪽에 한 아주머니가 큰 박스를 앞에 놓고, 그 앞을 지나는 나를 빤히 쳐다본다. 나는 무슨 일인가 싶어 아주머니한테 가까이 다가갔더니 "강아지 사셔요!"한다. 박스 안에는 잠에 곯아떨어진 강아지 두 마리가 들어있다. 회룡포까지 와서 강아지를 만나게 될 줄이야.

사람들 목소리에 강아지 한 마리가 눈을 떴다. 이어 다른 강아지도 잠에서 깨어났다. 앙증맞다는 표현이 더 어울린다. 아주머니는 만원에 두 마리 다 가져가란다. '세상에, 만원에 두 마리라니…' 마음 같아서는 한 마리에 십만 원이라도 주고 데려오고 싶었다.

나는 강아지를 좋아한다. 반려견으로 닥스훈트 두 마리를 키웠다. 두 녀석의 이름은 타니와 코리다. 동생인 코리가 열세 살 되던 해에 먼저 무지개 다리를 건넜다. 코리를 잃고 내 마음은 오랫동안 허전했고, 잘 보살피지 못해 일찍 간 것 같아서 미안했다. 혼자 남은 타니가 다행히 코리의 빈자리까지 메워주었다. 타니의 나이가 열여섯 살이라, 또 언제 내 곁을 떠날지 모른다.

아이들은 타니가 세상을 뜨기 전에 예쁜 강아지 한 마리 데려다 情을 붙이라고 말했다. 친구들이 나에게 강아지를 주겠다고 말했지만 사양했다. 타니가 내 곁을 떠나면 더 이상 강아지를 안 키우겠다고 마음속으로 다짐했다.

태어난 지 한 달이 넘었다는 귀여운 강아지를 보니, 그렇게 다짐했던 마음이 조금씩 흔들렸다. 두 녀석 모두 데려가고 싶었다. 강아지 곁을 떠나지 못하는 나에게 S씨가 다가오더니 "강아지 데려다 키우실래요?"하고 묻는다. 나는 고개까지 절레절레 내두르면서 "아니요."라고 말했다. 내가 키우고 싶다고 대답하면, 당장 만 원을 낼 기세다.

박스 안의 귀여운 강아지를 보니까, 우리 아이들이 초등학교에 다니던 시절이 생각났다. 단독 주택에 살 때, 잡종이지만 마당에는 늘 강아지가 있었다. 그동안 잊고 지냈던 강아지 두 마리가 불현듯 생각났다. 나도 강아지를 예뻐하지만, 우리 아이들이 강아지를 더 좋아했다. 새끼를 여러 번 낳았는데, 새끼들은 정말 귀엽고 예쁘다. 가끔은 신발을 물어뜯고, 화단의 화초를 모두 헤쳐 놓아 밉기도 하지만, 강아지의 천진난만한 행동을 보면 웃음이 먼저 나왔다.

마당에서 키우던 강아지들은 예쁜 옷도 없었고, 이름표도 없었다. 겨울이면 마당 한쪽에 있는 개집 안에 담요를 넣어주는 게 다였다. 목줄 채워 산책을 시키지도 않았다. 마당이 녀석들의 운동장이고 놀이터였고, 빨랫줄에서 떨어진 수건이나 양말이 녀석들의 장난감이었다. 그런 여건에서도 강아지들은 잘 자랐다.

강아지의 이름은 예삐와 똘똘이다. 이름처럼, 예삐는 예쁘게 생겼고, 똘똘이는 아주 영리했다. 견종은 달랐지만 둘은 사이가 좋았다. 사료를 먹을 때는 서로 양보했고, 잘 때는 서로 의지하듯 꼭 붙어 있었다. 우리 식구의 발자국 소리와 애들 아빠가 타고 온 자동차 소리에 기가 막히게 반응했다.

새벽에 배달된 신문은 늘 녀석들이 먼저 보았다. 예삐가 일찌감치 신문을 훑어보고(?), 다 본 신문을 깔고 앉아 있다. 그러면 똘똘이는 애가 타서 이리저리 왔다 갔다 안절부절못했다. 나한테 예삐가 야단맞을 게 분명하기 때문이다. 매일 아침 겪는 광경이었다.

똘똘하고 예쁜 두 녀석은 우리가 아파트로 이사 가면서, 시골에 사는 여섯째 시동생댁으로 입양 보냈다. 몇 달 후에 여섯째 시동생댁에 들렀는데, 나를 보고 꼬리 치며 달려드는 녀석들을 안아줄 수가 없었다. 두 녀석은 온몸이 새까만 진흙으로 젖어 있었다. 온 동네를 헤집고 다니다 왔나 보다. 그 후에 두 녀석 모두 저세상으로 갔다는 안타까운 소식을 들었다.

회룡포의 강아지 두 마리를 보면서, 그동안 잊고 있었던 예삐와 똘똘이와의 추억을 되새길 수 있었다. 버스가 출발할 때까지 강아지와 시간을 보냈다. 단지 바람이 있다면, 두 마리 모두 좋은 주인 만나서 행복하게 살았으면 좋겠다. 시동생댁으로 입양 간 예삐와 똘똘이처럼, 이왕이면 마음껏 뛰어놀 수 있는 넓은 정원이 있는 집으로 입양되었으면 좋겠다. 먼 회룡포까지 와서 귀여운 강아지를 만나 잠시나마 행복했다.

엄마도 여자다

　모처럼 한가로운 시간이다. 시를 외우고, 책을 읽고, 컴퓨터로 검색하고, 글을 쓴다. 휴식을 취하며, 거창하게 앞으로의 계획도 세우고…. 혼자 있어도 심심하지 않아서 좋다. 거실로 나와 습관대로 TV 리모컨으로 채널을 돌렸다. 젊은 가수 L씨가 '엄마도 여자다'를 부르고 있다. 가사가 재미있다. '엄마도 여자'라고 모든 엄마들을 대변하는 것 같다.

　　날씬한 허리 일자로 변해도
　　예쁜 블라우스 청바지 입고
　　거울 앞에 서면
　　엄마도 엄마도 엄마도 여자다

제3부 엄마도 여자다　133

노랫말같이 모든 엄마들은 꿈도 있고, 사랑도 있다. 당연한 얘기 아닌가. 폰으로 계속 들었다. 젊은 가수는 '거울 앞에 서면 엄마도 여자'라고 열창한다. 이 노래를 들으며 혼자 웃는다. 얼마 전에 있었던 일이 생각나서다.

이른 봄, 피부과에 내 이름으로 예약했다고 큰아들한테서 문자가 왔다. 설날에 아이들이 왔을 때, 큰아들에게 "얼굴 좋아졌다."고 말했다. 큰아들은 잘 아는 원장이 운영하는 병원에서 점을 빼고 피부 관리를 받았다고 말했다. 큰아들이 "엄마는 얼굴에 뭐하고 싶은 곳 없으셔요?"하고 묻기에, 나는 "얼굴에 있는 검버섯을 뺐으면 좋겠는데."라고 대답했다. 지금까지 한 번도 생각지 않았던 말이 툭 튀어나왔다.

우리 아파트에 얼굴이 곱상한, 젊었을 때는 미인 소리를 들었을 것 같은 85세 되신 할머니가 살고 있다. 그 할머니는 산책길에서 만나면 늘 같은 말씀을 하신다. '얼굴과 손등의 검버섯을 없애고 싶다'고. 나는 그 말을 처음 들었을 때 솔직히 놀랐다. 그 연세에 검버섯이 신경 쓰인다니…. 그 후로 할머니를 만나면 그분 얼굴의 검버섯이 먼저 눈에 들어왔다. 말씀을 안 하셨다면 그냥 모르고 지나칠 수 있는 검버섯이었다.

할머니의 입버릇 같던 검버섯을 큰아들에게 나도 모르게 내뱉은 거다. 큰아들은 그 말을 기억했다가 병원에 예약했단다. 예약한 날짜와 시간을 카톡으로 보내왔다. 처음 가는 병원이라 새벽부터 서둘렀다. 원장은 내 얼굴을 보더니, 검버섯은 아니고 기미가 짙어졌다고 말했다. 원장의 친절한 상담에 이어 생전 처음 레이저 시술을 받았다.

사전 지식 없이 시술을 받은 거다. 나는 늘 그렇다. 남들은 무슨 일을 하기 전에 꼼꼼히 체크하고, 묻고 또 물어서 실행하는 일을, 나는 그냥 편하게 믿고 맡기는 편이다. 시술이 끝난 후, 거울에 비친 내 얼굴은 테이프 조각으로 도배가 되어있었다.

이튿날은 J사옥에서 시조 문학상 시상식이 있는데, 나는 그 행사에서 시낭송을 하기로 프로그램이 짜여있었다. 시술 후의 상태와 주의 사항을 미리 물어봤어야 했다. 얼굴에 테이프 조각은 하루만 지나면 떼어도 되는 줄 알았다. 간호사가 읽어보라고 건네준 유인물에는 세수도 가능하고, 가벼운 화장을 해도 된다고 쓰여 있었기 때문이다.

다음 날 아침에 세수하고 테이프를 떼었더니 상처가 깊었다. 다시 새 테이프를 붙였다. 내 얼굴은 도로 테이프 조각이 덕지덕지 붙어 있다. 당연히 시낭송은 못하게 되었다. 친구에게 얼굴에 붙인 테이프 때문에 글공부하러 못 가겠다고 메일을 보냈다.

친구는 '늙으면 검버섯은 생기기 마련인데, 병원에는 뭘 하러 갔느냐'고 답을 보내왔다. 검버섯 아니고 기미라고 알려줘도, 친구는 번번이 검버섯이라 말했다. 내 주변 친구나 지인이 검버섯이든 기미든 치료받은 것을 보았더라면 날짜를 잘 선택했을 텐데…. 아니, 아예 병원에 가지 않았을 것 같다. 모르면 용감하다고, 몰라서 생긴 일이었다.

우리 어머니 세대는 본인 이름보다는 자녀의 이름을 넣어 ○○엄마, 태어나고 자란 고향 이름을 붙여 ○○댁으로 불렸다. 어머니는 옷차림이 수수해야 한다는 것이, 오래전부터 내려온 우리의 생각이었는지 모른다. 또 어머니들은 마음도 함께 나이를 먹는 줄 알았다.

학습관에 초미니스커트를 입고, 긴 머리를 노랗게 물들인 여자가 등록했다. 그녀는 한여름이면 허벅지를 내놓은 짧은 반바지에 민소매 티셔츠를 입고 다녔다. 나는 당연히 그녀가 미쓰일 거라 짐작했다. 알고 보니, 그녀는 놀랍게도 중학교에 다니는 딸이 있었다. 요즈음은 외모로 나이를 가늠하기 어렵다.

　지하철 안의 할머니들도 전혀 나이를 짐작할 수가 없다. 청바지는 안 입었지만, 귀고리·목걸이·선글라스를 낀 활기차고 밝은 모습이다. 일부러 '엄마는 여자'라고 항변(?)하지 않아도 될 것 같다. 곱게 화장한 할머니들의 마음 역시 젊은이들과 별반 다르지 않을 테니까.

　휴일에 내려온 큰아들은 내 얼굴을 보더니 전보다 환해진 것 같다고 말했다. 내가 기미 치료를 받은 것을 안 지인들은 치료 후 주의사항을 알려준다. 햇볕을 쪼이면 도로 기미가 짙어진단다. 그래서 대부분의 사람들이 겨울에 시술을 받는다고 알려준다.

　기미를 치료한다고 한바탕 부산은 떨었지만, 70세가 넘도록 얼굴에 신경 쓰지 않고 살았으면 그 또한 큰 복이 아닌가. '평범한 것이 가장 비범한 것'이라고 배웠다. 평범하기가 가장 어렵다는 뜻이다. 이제 욕심이 있다면 심신의 건강이다. 친구는 아프면 만사휴의라고 강조한다. 아파서 모든 일이 헛수고로 돌아가면 어쩌지….

　요즘 엄마들은 노랫말이 아니라도 씩씩하게 자존감 키우며 열심히 살고 있다. 내면의 아름다움과 고운 마음씨까지 겸비한 멋진 엄마들이 많다. 꿈과 사랑이 있는 엄마, 자녀들에게 모범이 되는 엄마, 진실하고 인간애가 넘치는 엄마, 나도 그런 엄마이고 싶다.

　　나를 위해 살겠다 엄마도 여자다
　　아직도 잘나가는 엄마도 여자다
　　엄마도 여자다

반말하기

나는 대화할 때, 상대방의 나이가 많고 적음을 상관하지 않고 존댓말을 쓴다. 나보다 나이가 적은 사람이 친근하게 언니라고 부르며 다가오는데도, 나는 여전히 존댓말로 응수한다. 그 순간 상대방과 나의 거리는 걷잡을 수 없을 만큼 멀어지는 것을 수시로 느낀다. '이제부터 나이 어린 사람들에게 반말해야지'하고 다짐도 했었다. 하지만 마음과는 다르게 여전히 존댓말이 나왔다. 몸에 밴 습관은 여간해서 바뀌지 않는다는 걸 실감해야 했다.

올해는 무슨 일이 있어도 반말하기에 성공하려고 단단히 마음먹고 있다. 수년 전에 개그우먼 L씨가 TV에서 했던 말이 생각난다. L씨는 미용실에서 유명한 탤런트를 만났던 일을 웃으며 얘기했다. 그 탤런트하고는 예전에 사석에서 만난 적이 있어, 반가운 마음에 "언니!"하고 불렀단다. 그다음 얘기가 압권이다. 그 탤런트는 정색하며 "아~~ 예, 안녕하세요."라고 응대했다.

　L씨는 그 탤런트와 한 발 가까워졌다 생각했는데, 말 한마디에 더 멀어졌다는 경험담을 털어놓았다. 구체적인 말은 안 했지만, 정情이 천리만리 떨어졌다는 뉘앙스를 내비쳤다. 그 개그우먼의 말이 문뜩문뜩 내 뇌리를 스친다. 꼬박꼬박 존댓말을 하는 나를, 나이 어린 사람들은 좋아할 리 없다는 생각이 든다. 어딘가 거리감이 있고, 다가갈 수 없도록 선이 하나 그어져 있는 그런 상황을 내가 만들고 있는 건 아닌지.

　나는 40여 년간 교직에 있을 때, 나이가 아래인 교사나 학생들에게도 반말하지 않았다. 그게 몸에 배어 지금도 나이 어린 사람들에게 존댓말을 하고 있다. 내가 반말만 하면 금방 친해질 것 같은데, 존댓말로 대하니 상대방도 말을 놓지 못한다. 그러다 보니 자연히 어색하고, 둘 사이에 틈이 벌어지는 걸 느낀다.

　같은 아파트에 살면서 만난 모임이 몇 개 있는데, 내 나이가 가장 많다. 회원들이 모두 나를 언니라 부른다. 올해 초, 모임에 참석하여 "지금부터 나보다 나이가 어린 사람들에게 반말하겠다."고 말했다. 회원들 모두 반가워하며, 한마디씩 거들었다. 그런 일이 있고 나서도, 나이 어린 사람들에게 계속 존댓말을 쓰고 있다. 나는 우리 아이들한테도 가끔 존댓말을 쓰고 있다. 나는 존댓말을 쓰는 것이 훨씬 편하다.

　50여 년 전, 내가 근무하고 있는 ○여중에 Y교사가 전근을 왔다. Y교사는 부임하자마자 나에게 반말을 해서, 나보다 나이가 한참 위인 줄 알았다. 나중에 보니 Y교사는 내가 졸업한 K사대 1년 후배였다. Y

교사는 나이가 한참 위인 원로교사에게도 반말을 했다. 처음 만나는 학부형한테도….

그런데 그 모습이 아주 자연스러웠다. 몸짓, 손짓, 머리까지 끄덕이면서 하는 행동이 얼마나 진지하고 사람의 마음을 끌던지. 곁에서 보고 있으면 나까지 Y교사에게 매료되었다.

남편은 평소에 말수가 적은 편인데, 어느 날 나에게 "Y교사가 엄청 상냥하다."고 말했다. 이어 "Y교사는 처음 만난 사람한테, 오래전부터 알던 사람 대하듯 친절하고 싹싹하게 대한다."고 덧붙였다. 남편의 말에 '내가 평소에도 존댓말을 쓰는 게 불편했나?' 하는 생각이 들었다. 학부형과 학생들은 반말을 하는 Y교사를 좋아했다. 반면에 나는 격식을 차리고, 존댓말만 사용하니 선뜻 나에게 다가오지 않았다. Y교사와 스스럼없이 반말을 섞어 대화를 하던 학부형도, 나에게는 꼭 존댓말을 썼다.

이상하게 회원들도 처음에는 나에게 가까이 다가오지 않았다. 모임에서 만난 나이가 적은 회원에게 반말로 다가가면 훨씬 더 친해질 텐데. 내가 워낙 말이 없고, 꼬박꼬박 존댓말을 써서 거북했을지도 모른다. 여러 해가 지나서야 내 마음을 알고, 지금은 친자매 이상으로 가까이 지내고 있다.

작은아들의 후배 S는 길에서 만나면 "어머님!"하고 부르며 살갑게 다가왔다. 나이가 많고 적음을 떠나 존댓말을 쓰는 나의 버릇은 S에게도 예외가 아니다. S가 불편했는지 헤어지고 나서 문자를 보냈다. "어머니, 말 놓으셔요!"라고. S 역시 존댓말 쓰는 내가 많이 부담스러웠을 것 같다.

　단체 카톡에 옆 동에 사는 민지의 생일이라고 문자가 떴다. 나는 전에 하던 대로 "민지씨, 생일 축하해요!"라고 문자를 보냈다. 금방 민지가 내 문자를 보고 답을 보내왔다. "언니, 민지씨라고 하지 말고, 그냥 민지야 하고 부르세요."라고. 나는 "알았어요, 이제 민지야 할게."하고 반말과 존댓말을 섞은 문자를 보냈다.

　꽃꽂이 교실에서 만난 경화는 나보다 열 살 아래다. 경화 차에 합승해서 꽃꽂이 전시회에 다녀왔다. 경화는 나를 만나자마자 "밥 먹었어?"하고 묻는다. 그 순간 나는 벙어리가 되었다. 대답을 어떻게 해야 할지 난감해서다. 경화는 나하고 친하다는 것을 은연중에 나타내고 싶었을지 모른다. 하지만 나는 그런 경화를 만나는 게 여간 불편한 게 아니다. 경화를 만나면, 나도 모르게 입을 닫게 된다.

　한번은 이런 일도 있었다. 폰의 벨이 울려서 확인했더니 경화다.

　"언니, 나 지금 언니네 근처 둔치로 산책가고 있어. 지금 나와."

　"……?"

　나는 그만 말문이 막혔다. 어이가 없었다. 경화를 알고 지낸지 채 1년도 되지 않았다. 꽃꽂이 사범이 나에게 경화를 소개했고, 경화는 내가 어디에 사는지 물었다.

　"언니 집은 어디야?"

　"효성 해링턴이요."

　"가까워서 좋네."

　"……?"

　나는 얼굴이 화끈거렸다. 나에게 반말하기는 여전히 큰 숙제다.

제 4부
누군가의 행복을 위해서

11월 11일

　11월 11일은 빼빼로 데이다. 11월 11일의 숫자 '1' 네 개가 빼빼로를 세워놓은 모양을 닮았다고 하여 빼빼로 데이라고 한다. 빼빼로 데이는 우리나라 특유의 기념일로 11월 11일에 초콜릿 과자인 빼빼로를 젊은 층과 연인들 사이에서 주고받는다.
　마트에 들렀는데, 빼빼로 사러 온 사람들로 북적거렸다. '나도 살까?' 하다가 그냥 나왔다. 빼빼로는 손녀 하윤이와 손자 현민이가 좋아한다. 빼빼로는 종류가 다양하다. 나는 과자를 별로 좋아하지 않는다.
　빼빼로 데이는 1993년 영남지방의 한 여자중학교에서 시작되었다. 가늘고 길쭉한 과자 빼빼로처럼 날씬해지라는 의미로 친구들끼리 빼빼로를 주고받았다고 한다. 빼빼로를 주고받는 것이 유행이라는 내용이 기사화되면서 전국적으로 확산되었다. 여중생들 사이에서 날씬해질 수 있는 완벽한 효과를 얻기 위해서는 11월 11일 11시 11분 11초에 맞춰 빼빼로를 먹어야 한다는 전제가 붙었단다.

또 11월 11일은 법정기념일인 농업인의 날이다. 법정기념일은 정부에서 정한 기념일이다. 농민들의 긍지와 자부심을 고취시키고, 농업의 중요성을 되새기는 취지에서 1996년에 제정했다. 농업인의 날을 11월 11일로 정한 것은 '흙 土'자가 겹치는 날이기 때문이다. 흙 土를 파자破字하면 십일十一이다. 농민은 흙을 벗 삼아 흙과 살다 흙으로 돌아간다는 뜻을 담고 있다.

농림축산 식품부는 2006년부터 농업인의 날을 홍보하면서, 쌀의 소비촉진을 장려하고 있다. 이날은 한국인의 전통 주식인 쌀로 만든 가래떡을 나눠 먹는 가래떡의 날이라고도 한다.

이밖에도 11월 11일은 유난히 기념일이 많다. 2001년 한국지체장애인협회가 숫자 '1'이 가장 많이 들어 있는 11월 11일을 '지체장애인의 날'로 정했다. 숫자 '1'은 시작과 새로운 출발을 의미한다. '힘차게 일어서서 직립하자'는 의지가 담겨 있다.

국토해양부에서는 '11.11'이 사람 다리 모양과 유사하다는 뜻에서 2010년 11월 11일을 '보행자의 날'로 지정했다. 보행 교통 개선의 중요성에 대한 범국민적인 의식을 고취하기 위한 목적에서다.

2016년 11월 11일, 부동산경제단체협회는 제1회 '부동산 산업의 날'로 정했다. 부동산은 삶의 근간이고, 우리 국토의 큰 부분을 차지하고 있다. 이런 부분에 대한 인식을 제고하고 투명하게 육성하자는 취지에서 부동산 산업의 날을 만들었다고 한다.

또 11월 11일은 대한안과학회가 제정한 '눈의 날'이다. '건강한 눈〔眼〕, 평소 관리가 중요'라는 슬로건을 내걸었다. 안과에 대한 올바른 상식과 눈의 중요성에 관해 계몽하기 위해서다.

레일데이는 2011년 11월 11일부터 기차 레일을 닮은 숫자 '1'에서 착안해 코레일에서 제정했다.

이외에도 11월 11일은 원로 중진 문화인들이 지정한 '우리 가곡의 날'이다. 우리 가곡 애창 운동으로 교육현장에서 음악교육을 정상화시키자는 취지에서다. 가곡을 통한 다양한 행사를 범국민적으로 펼치기를 원하며 가곡의 날을 제정했다. 국민 1인 1애창 가곡 갖기 운동이 사회적으로 공감을 얻고 반향을 일으키리라 믿는다.

한국광고단체연합회를 비롯하여 광고관련단체 및 관련기관은 1973년 11월 11일을 광고의 날로 제정했다. 광고의 경제, 사회, 문화적 순기능과 소비자들에 대한 광고의 인식제고를 꾀하기 위함이다.

11월 11일은 광주원주고속도로 개통일이기도 하다. 경기도 광주에서부터 강원도 원주 간 약 57㎞의 4차 고속도로를 2016년 11월 11일 전면 개통했다. 2018년 평창올림픽 때 인천공항 및 수도권에서 강원도 평창, 강릉을 이어주었던 주요 도로 교통로다.

11월 11일은 제1차 세계대전 종전일이며, 영연방국가의 현충일이다. 리멤브런스 데이(Remembrance day-영령英靈 기념일)라 하여 제 1, 2차 세계대전의 전사자를 추도한다. 미국 재향군인의 날(Veterans day)이다. 1954년 5월 24일 아이젠하워 대통령이 전쟁기념일을 선포했다.

앙골라 독립기념일도 11월 11일이다. 1960년대부터 일어난 포르투칼령 아프리카 국가들과 포르투칼 간의 식민지 전쟁 후, 앙골라는 1975년 포르투칼로부터 독립했다. 폴란드의 독립기념일도 11월 11일이다.

11월 11일은 UN참전용사 국제 추모행사일(Veterans day)로 지정돼 있다. 대한민국을 지켜준 국군 및 유엔군 참전 용사의 희생과 공헌을 기리기 위한 행사다. 매년 11월 11일 11시에 1분간 묵념을 한다. 국가보훈처 주관 공식 정부기념행사로 부산 유엔공원에서 하고 있다.

해군 창설기념일인 11十一월과 11十一일은 마치 선비 사士 두 자가 겹쳐지는 모양으로 해군의 신사도 정신을 강조하기 위해서 정한 날이다.

그런가 하면 중국은 11월 11일을 광군제光棍節(guang gun jie)라고 한다. 일부 젊은이들 사이에 빼빼로 같이 날씬해지기를 원하는 한국과는 달리, 중국에서는 싱글들을 위한 날이다. 11이라는 숫자가 두 번 들어가 쌍 11이라는 의미로 双十一(쌍스이)라고 쉽게 불리기도 한다.

광군光棍을 직역하면 빛나는 막대기란 뜻으로 배우자나 애인이 없는 독신을 의미한다. 홀로라는 의미의 '1'이 네 번 겹친 날을 뜻한다. 본래는 1993년 난징대학교의 학생들이 애인이 없는 사람끼리 챙겨주고 위로하자는 취지에서 만든 기념일이다. 이날 학생들은 서로 선물을 교환하고 파티를 열기도 했다.

2009년 11월 11일 알리바바(중국최대전자상거래업체)에서 광군절 구매의 날로 정해 세일 판매행사를 최초로 실시했다. 알리바바, 타오바오(중국최대쇼핑몰) 등에서 대대적인 할인행사를 하면서 중국 최대의

쇼핑일로 탈바꿈했다.

11월 11일, **빼빼로** 데이만 알려져, 지나친 상술에 의해 억지로 만들었다는 비판도 있다. 각종 데이(Day)를 이용하여 업체들은 다양하고 이색적인 이벤트를 개최하여 자사 상품을 적극적으로 홍보하거나 경품행사를 하는 등 마케팅이 활발하다.

기념일을 표적으로 하는 데이 마케팅(Day Marketing)에만 관심을 가질 것이 아니라 우리나라 국경일이나 법정기념일에 대해서도 많은 관심을 가졌으면 얼마나 좋을까. 각종 데이(Day)에 가려져 보이지 않았던 다른 날들을 찾아보고, 나와 내 이웃을 살피는 계기가 되었으면 좋겠다.

한뎡까데

TV 뉴스를 시청했다. 아나운서는 H아파트에 사는 주민이 경비원에게 욕설과 폭행을 했다고 알려준다. 요즘 흔히 말하는 갑질이 또 일어난 거다. H아파트 주민인 G씨는 경비원 A씨의 멱살을 잡고, 손과 발로 얼굴과 하체 등을 총 3차례 때렸다고 한다.

폭행의 이유는 G씨가 오토바이를 타고 귀가하는데, 주차장 차단기가 늦게 열렸기 때문이다. 경비원 A씨는 "급하게 적을 것이 있어서 잠깐 놓쳤다"고 수차례 사과했다고 한다. 하지만 G씨는 "딴 데 가서 해 먹어라, 왜 여기서 밥 빌어먹고 사느냐, 네가 하는 일이 여기서 문 여는 일 아니냐." 등 모욕적인 말을 퍼부었다.

A씨는 근무 교대를 하고, 일지를 작성하다가, G씨가 들어오는 것을 보지 못했다고 한다. G씨를 확인하고 차단기를 열기까지 걸린 시간은

불과 4초~5초였단다. G씨는 오토바이에서 내려 경비실로 들어왔고, 분위기가 험악한 것을 눈치 챈 다른 경비원이 재빨리 녹음했다. 그 짧은 시간을 참지 못해 이런 큰일을 저지른 G씨는 어떤 사람일까.

A씨는 사건 이후 거의 잠을 못 자고 외상후 스트레스장애를 겪고 있다고 한다. A씨는 G씨에게 사과를 요구했으나 G씨 어머니가 대신 사과했을 뿐, G씨는 아무런 연락이 없다고 아나운서는 전한다. A씨는 G씨가 사과만 하면 법적 대응까지는 가지 않겠다는 뜻을 밝혔다.

법에 호소해서 G씨에게 벌을 주고 싶었지만, A씨의 어머니가 적극 만류했기 때문이다. 경비원과 주민들과의 크고 작은 갈등은 잊을만하면 불거져 나온다. 얼마 전에는 무차별 폭행으로 경비원이 목숨을 잃은 사건도 뉴스에 올랐다.

전주시 'E아파트 주민이 택배기사를 위한 무료 카페를 운영해 온라인 커뮤니티에서 주목받고 있다.'라는 기사가 생각난다. E아파트 1층에 거주하는 주민 J씨 부부는 2018년 3월 초부터 복도에 '한 평 카페'를 열었다. 커피 2종류, 녹차, 홍차, 율무차와 종이컵, 온수, 물티슈를 갖추어 놓았다. 이것은 모두 아파트를 드나드는 택배기사, 집배원, 청소용역직원, 경비원을 위한 것이다. 원하는 사람이 알아서 마시는 셀프 카페다.

J씨는 H일보와의 인터뷰에서 최근 이사를 왔는데, 전부터 꼭 해보고 싶었던 일이라며, 주민들이 함께 도와주어서 해내고 있다고 겸손해했다. 사이좋게 살았으면 좋겠다는 마음으로 시작했다는 J씨의 바람처럼 E아파트 주민과 택배기사, 집배원, 청소용역직원, 경비원은

공존하고 있었다.

처음 설치할 때 테이블과 커피, 컵, 보온병을 본인 용돈으로 샀는데. 이후 주민들이 함께 동참해서 비용이 전혀 들지 않는다고 했다. 보온병에 온수를 담는 것이 J씨 몫이란다. 아파트 주민들은 한 평 카페에 각종 음료와 사탕, 고구마 등 간식까지 함께 채워가고 있다.

어디 간식뿐이랴. 한 평 카페는 J씨와 주민들의 사랑이 가득 담겨 있다. E아파트의 한 평 카페 소식을 온라인에서 접한 커뮤니티 이용자들은 '이게 사람 사는 사회다, 진정한 품격이 느껴지는 아파트'라고 입을 모아 칭찬하고 있다.

같은 해인 2018년 봄, 광양시 S아파트 주민들도 경비실에 한 평 카페를 열었다는 기사가 나왔다. 이 아파트에는 '사랑의 한 평 카페에서 차 한잔하면서 쉬어가세요'란 현수막이 걸려 있다. 이곳 한 평 카페 역시 아파트를 찾아오는 사람, 택배기사, 집배원, 청소용역직원, 경비원을 위해 마련했다고 한다.

기존의 경비실 벽은 벽화 재능을 봉사하는 이은미 화가가 맡았다고 한다. 사진 속의 경비실의 벽은 '사랑합니다. 고맙습니다.'란 글귀와 예쁜 하트가 그려져 있다. 경비실의 한 평 카페는 화사하게 꾸며져 분위기 있는 찻집으로 변신했다. 필요한 차도 십시일반 이웃 주민들이 충당하고 있단다. 한 평 카페는 각박한 세태 속에 동행을 실천하는 주민들의 훈훈한 마음을 전해준다.

커피를 포함한 차 종류는 관공서나 병원 등, 어디서나 흔히 볼 수 있다. 차를 준비하는 것은 방문객의 지루함을 조금이라도 덜어주려는 따뜻한 마음에서다. E아파트와 S아파트 주민은 택배기사, 집배원, 청소용역직원, 경비원을 모두 한가족이라 여겼다. 한 울타리 안에 있는 이웃사촌이다.

아파트에 사는 사람들은 앞집에 누가 사는지 잘 모른다. 왕래가 없고, 일부러 인사차 방문하지 않으니 그럴 수밖에. 삭막하기 짝이 없다. 한 평 카페는 이웃끼리 차 한 잔 마시며, 얘기를 나눌 수 있는 쉼터다. 차와 함께 주민들의 따뜻한 마음을 택배기사와 집배원, 청소용역직원, 경비원에게 전하는 공간이다.

우리는 사람 냄새 나는 세상을 꿈꾼다. 서로 배려하고 양보하고 도와주면서 행복을 느낀다. 혼자서는 살 수 없다. 나는 '역지사지易地思之'라는 사자성어를 늘 생각한다. 뜻은 '처지를 바꾸어 생각해 보는 것'이다. H아파트의 G씨가 경비원의 입장이 되어 조금만 이해를 했다면…. 안타까운 일이다.

우리가 과거에 비해 너무 좋은 환경에서 살다 보니 고마워하는 마음을 잊고 살 때가 종종 있다. 자신에게 주어진 행운을 소중하게 여길 줄 알고, 타인에게 밝은 미소를 지어주는 마음의 여유도 가져야 한다. 모두가 서로 정을 주고받게 된다면 우리의 삶은 사랑으로 가득 차게 될 것이고, H아파트 사건 같은 일은 벌어지지도 않을 것이다. 우리의 생명은 유한하다. 부자거나 가난한 자거나 결국에는 한 줌 흙으로 돌아가게 마련이다.

사랑을 가득 담은 한 평 카페가 열 평, 백 평의 공간처럼 전국의 아파트에 하나둘 생겨나길 바란다.

총명당

　벌써 한 시간째 찾고 있는 중이다. 책꽂이에 꽂혀 있는 책들을 확인하고 또 확인한다. 분명히 어제 수필집 한 권을 책꽂이에 꽂았었다. 고등학교 은사님께 드리려고 한 권을 챙겼는데…. 그 책을 못 찾고 이렇게 한 시간을 헤매고 있다. 이런 사정을 알 리 없는 친구들은 모두 나를 부러워한다.

　아파트 부녀회에서 친목 겸 야유회로 강화도 고려산에 가는 날이다. 고려산은 진달래 군락지로, 봄이면 진달래 축제를 보기 위해 많은 관광객이 찾는 곳이다. 나는 일찍 약속 장소로 나갔다. 야유회에 가는 사람들은 거의 처음 보는 낯선 얼굴이다. 전에 노래 교실에서 만났던 회원이 있기에 반갑게 인사했는데 반응이 없다.

　그녀 바로 앞에서 환하게 웃으며 아는 체를 해도 무표정이다. 다시

"안녕하세요?"하고 인사했다. 내 목소리를 듣고서야 "아니, 왜 이렇게 젊어지셨어요?"하고 놀란다. 나는 웃으며 "두 번이나 인사해도 못 알아보면 어떡해요?"라고 말했다. 그녀는 이따 얘기하자고 말하더니, 버스 안으로 서둘러 올라갔다.

야유회에 함께 가자고 문자를 보냈던 친구는 옆자리에 앉자마자 "혼자 집에서 뭘 잡수시기에 이렇게 힘이 넘치세요?"한다. 나는 아무 말 없이 웃기만 했다. "정말 뭘 잡수시는데, 이렇게 건강하세요?"하고 재차 묻는다. 그 친구는 말을 이어갔다. 나하고 같이 밸리를 하던 친구들이 모두 나를 본받고 싶어 하고 부러워한다고. 본인도 역시 나처럼 늙고 싶다고 말했다.

고려산은 2년 전에도 다녀왔다. 그때는 진달래가 피기 전에 가서 축제라는 말이 무색할 정도였는데, 오늘은 고려산 전체가 붉은 진달래로 뒤덮여 있다. 진달래를 배경으로 사진을 찍었다. 나는 그 친구와 고려산 정상까지 세 시간 산행을 하고, 버스가 있는 주차장에 도착했다. 우리보다 한 시간이나 늦게 내려온 노래 교실 회원이 나에게 다가와서 묻는다. "정말 어떻게 된 거예요? 왜 이렇게 젊어지셨어요?"라고 되묻는다.

불로초를 구하려고 서역과 세계 각지로 사람을 보냈다는 진나라 시황제가 생각났다. 나는 시치미를 떼고 "불로초 먹었지"라고 말했다. 그러자 "아까 정말 못 알아봤어요. 왜 이렇게 젊어지신 거예요?"하고 아직도 사태 파악을 못 하고 되묻는다. 그 회원의 의아한 표정이 재미있어서 "불로초 먹었다니까…."하고 웃었다.

그 친구가 머뭇거리며 망설이기에 끌어안으며 "나, 염색했잖아."하고 말했다. 그때서야 사정을 알아채고 나를 다시 쳐다본다. 많이 놀란 눈치다. 5년 동안 백발로 지내다가 흑갈색으로 염색한 지 두 달이 되었다. 아직도 내가 염색한 것을 모르는 친구들과 지인이 많기에 한동안 젊어졌다는 찬사를 들을 것 같았다. 그런데 그 기분 좋은 찬사가 지금은 두렵고, 솔직히 불안하기까지 하다.

나에게 지금 필요한 건 산삼도 아니고, 불로초도 아닌 건망증에 좋다는 총명탕聰明湯이다. 각종 매스컴은 총명탕이 백복신, 석창포, 원지로 만들었고, 기억력 감퇴와 건망증을 치료하는 약이라고, 그 효능을 대대적으로 선전하고 있다.

어쩌다가 내가 이렇게 되었는지, 나 자신도 알 수가 없다. 어떤 일을 하려고 생각했으면서 중간에 엉뚱하게 다른 일을 하고 마는 경우가 빈번하다. 한두 번도 아니고, 수시로 실수를 반복하고 있으니 혼자 속을 태우고 있다. 뒤늦게 내가 하고자 했던 일이 생각나면, 그것이 또 어이가 없어서 혼자 중얼거린다. 옆에 누가 있다면 나의 이런 행동을 보고 큰 걱정을 할 것 같다. 어쩌면 나 혼자 끙끙거리고 중얼거리며 어이없어하는 것이 다행인지도 모른다.

어제는 정말 황당한 일을 겪었다. 우리 아이들이 알면 심각하게 생각할 수도 있는 사건이다. 몇 해 전부터 봄만 되면 알레르기 때문에 얼굴과 목이 가렵다. 한 달 전에 피부과에 들러 약을 처방받았다. 약을 먹고 다행히 가려움증이 가라앉아서 안심했는데, 2주가 지나니 또 가렵다. 다시 피부과에 갔는데, 전에 진료해 준 의사는 세미나에 갔고 다른 의사가 대신 진료했다.

 그 의사는 내 얘기를 듣고 진료카드를 확인하더니 "먼젓번과 똑같이 바르는 약과 먹는 약을 드릴게요."한다. 나는 의아한 표정으로 "지난번에는 바르는 약이 없었는데요."라고 말했다. "여기 처방전에는 바르는 약이 있는데요."하는 것이 아닌가. 순간, 연고를 주었는데 내가 바르지 않았나 하는 생각이 뇌리를 스쳤다. 나는 갑자기 자신이 없어져서 작은 목소리로 "이렇게 제가 정신이 없어요."라고 우물거렸다. 서둘러 수납하고 처방전을 챙겼다. 바르는 약이라 해서 당연히 연고인 줄 알았고, 연고는 우리 집에 몇 개 있기 때문이다.

 그런데, 약국에서 준 바르는 약은 연고가 아닌 액체였다. 처음 보는 약병이었다. 약사에게 "전과 똑같이 처방했다는데, 지난번에는 바르는 약은 안 주셨어요."하고 말했다. 약사는 "분명히 먹는 약과 바르는 약을 드렸는데요."하며 두 명이 확인하기 때문에 빠뜨릴 수가 없다고 말했다. 나는 이렇게 생긴 물약을 본 기억이 나지 않는다. 미심쩍어하면서도 약국을 떠날 수밖에….

 집에 오자마자 화장품이 있는 곳을 바라봤더니, 그곳에 방금 받아온 물약과 똑같이 생긴 약병이 있었다. 너무나 어이가 없어서 말이 나오지 않는다. 약병을 보고 나서야 물약을 목에 바른 기억이 났기 때문이다.

 머릿속이 하얗다는 표현을 이런 때 쓰는가 보다. 정말 겁이 났다. 이건 분명 건망증이 아니고 치매 증세다. 치매는 뇌 질병 중에서 기억이 사라지는 증상의 병이다. 또 '두뇌의 기능이 점점 정지해 가는 병'이라고 한다. 삶의 가치는 결국 기억으로 남는다는데, 그 기억이 사라진다면? 정말 상상만 해도 무섭다.

  우리 아이들이나 지인들은 약병 하나에 뭘 그리 수선을 피우느냐고 책망의 눈길을 보낼 것 같다. 물론 나 혼자서 과장하고 있는지 모른다. 하지만 요즈음은 '100세 인생'이라는데, 이왕이면 젊고 건강하고, 거기다 총명까지 하면 더 바랄 것이 없지 않은가.

  새벽까지 강풍을 몰고 온 봄비 때문인가. 이래저래 오늘은 생각이 많은 날이다. 아무래도 시를 암송하는데 시간 투자를 더 해야 할 것 같다. 총명탕이 별거인가. 나 스스로 노력해서 건망증을 몰아내야지.

한가음으로

나를 초대한다는 문자가 카톡에 떴다. 대학 후배인 P교장이 단체 카톡방을 만들었다. P교장은 예순일곱 명을 초대한 후에 '지인께!…' 하고 인사말을 시작했다. 내용은

> 제 자식이 경기도 S시에 한의원을 개원하려고 합니다. 한의원 이름을 지으려고 하는데 도와주시기를 부탁드립니다.
>
> ― 아산에서 ○○○ 드림

카톡에 초대된 예순일곱 명 중, 아홉 명이 한의원 이름을 올렸다. 한 사람이 무려 다섯 개의 이름을 지어, 열세 개가 올라왔는데 모두 그럴듯한 이름이다. 아홉 명은 친절하게 한의원 이름을 짓게 된 배경까지 설명했다. 초대된 사람들이 인사를 건네고 카톡방을 나갔다.

P교장의 아들은 3개월 전에 결혼했다. 나는 카톡의 내용을 보고, 처음에는 마음이 편치 않았다. 꼭 단체 카톡을 통해서 아들이 개원할 한의원 이름을 공모해야 할 필요가 있을까 하는 의구심이 들었기 때문이다. 그러나 곧 생각을 바꾸어, P교장의 마음을 이해하고, 축하의 박수를 보냈다.

　모임에 가면, 혼기가 지나도 한참 지난 아들과 딸을 둔 친구를 만나게 된다. 자녀의 나이가 30대도 아니고, 40대도 아닌, 50대이면 아무리 친한 친구라도 위로(?)의 말조차 꺼내기 쉽지 않다. 나도 모르게 친구의 눈치를 보게 되고, 혹시나 친구가 서운해할 말실수를 할까 봐 전전긍긍한다. 내가 P교장의 카톡 내용을 보고, 잠시 불편함을 느꼈던 이유이기도 하다.

　결혼과 후회에 관한 대화 속에는 철학자 소크라테스가 등장한다. 소크라테스는 가난했다. 돈을 벌어오라는 아내의 구박을 많이 받았고, 이 때문에 티격태격 싸우는 게 다반사였다. 하루는 제자 중 한 명이 소크라테스에게 질문했다.

　"스승님, 결혼은 해야 합니까, 말아야 합니까?"

　소크라테스는 이렇게 답했다고 전해진다.

　"해도 후회하고, 안 해도 후회한다."

　정작 혼기를 넘긴 본인들은 무사태평이다. 그런 젊은이들은 하나같이 결혼을 꼭 해야 하느냐고 되묻는다. 이런 질문을 받은 사람들 대부분은 소크라테스를 거론한다. 그들은 이렇게 말한다. '결혼은 해도 후회하고 안 해도 후회한다는데, 이왕이면 한 번 해보고 후회하는 게 낫다'라고. 그것이 정답인지는 알 수 없다.

　아이가 태어나면 이름을 짓는다. 철학관이나 작명소에 가서 이름을 짓거나, 집안의 어른이 항렬에 맞추어 지어주기도 한다. 이름이 아이에게 너무 무거워도 안 되고, 너무 가벼워도 체통이 없어 보인다. 부르기 좋고, 그 사람에게 어울리는 이름을 짓는다는 게 말처럼 쉬운 일은 아니다. P교장도 부르기 좋고, 이왕이면 대박 나기를 바라는 마음으로, 여러 사람의 의견을 수렴收斂 했으리라고 생각한다.

젊은이들이 명절 때, 고향에 가기를 꺼려하는 이유 중 하나가 친척들의 질문이 부담스러워서란다. 첫째가 언제 결혼할 거냐는 질문이고, 두 번째가 취업에 관한 질문이다. 두 가지 질문에 답하기가 곤란한 젊은이들은 명절 때, 자취방이나 하숙집에서 TV를 보며 소일한다는 인터뷰 장면을 보았다.

너나없이 부모는 자녀들이 건강하게 자라서 자기 몫을 훌륭하게 완수하기를 소망한다. 부모가 자녀를 키우면서 갖는 기대치는 무한하다. 그건 어디까지나 부모의 바람이다. 반면에 젊은이들은 나름대로 계획이 있고, 꿈이 있다고 말한다. 각자 이름에 걸맞은 자기의 삶을 영위하면, 성공한 인생이라 할 수 있지 않을까.

P교장은 아들을 결혼시켰고, 그 아들은 한의사 자격증을 취득해서 한의원을 개원하려고 계획하고 있다. 남들이 봤을 때, 여간 부러운 게 아니다. 흔히 말하는 '자식 농사를 잘 지었다'는 찬사를 들을만하다. P교장 자신도 흐뭇해할 것 같다. 눈에 넣어도 아프지 않을 아들이다.

단체 카톡에 초대된 예순일곱 명이 한마음으로 P교장을 축하해 주었다. 다음에도 단체 카톡으로 한의원 이름뿐 아니라 가게 이름도 지어주고, 사업장 이름을 공모(?)하며 친목을 도모하면 좋을 것 같다. 덕담도 빠뜨리지 말고….

장군이

근 두 달 동안 집 안에만 있다 보니, 자꾸 짜증이 올라온다. 집에서 마음 편하게 책 읽고, 글 쓰면 좋으련만, 마음은 허공을 떠돌고 있으니…. 슬그머니 걱정이 앞선다. 이러다가 사람들로부터 점점 잊히는 것은 아닌가 하는 생각이 불현듯 떠올랐다. 나 혼자 무인도에 떨어져 있는 것 같은 착각에 사로잡힌다. 연일 걱정과 짜증만 낼 뿐, 컴퓨터 앞에 앉아 글을 써야 하는 것을 자꾸 미루고 있다. 내일 또 내일….

TV는 오래전에 방영했던 프로그램이라도, 나에게는 무료함을 달래주는 하나의 수단이 되었다. 일어나자마자 TV를 켜고, 밤늦게까지 리모컨을 돌린다.

오늘도 습관처럼 TV를 켰더니 마침 동물농장을 방영하고 있다.

'TV 동물농장'은 내가 제일 좋아하는 프로그램이다. 오늘의 주인공은 견종이 시추이고, 이름은 장군이다.

장군이가 방바닥에 엎드려서 온몸을 비비 꼬는 모습이 TV 화면에 보인다. 주인은 어찌할 바를 몰라 발을 동동 구른다. 나 역시 그 모습이 너무나 안타깝다.

장군이를 병원에 데려가서 각종 검사했는데, 다행히 큰 이상은 발견되지 않았다. 이상이 없는데도 불구하고 장군이의 발작증세는 전혀 나아지지 않았다. 동물 행동 교정 전문가인 L소장이 장군이네를 방문했다. L소장은 장군이의 행동을 유심히 관찰하더니, 가족 모두 밖으로 나가게 했다. 실내에는 몰래카메라를 설치했다.

장군이는 가족이 외출하자 발작을 멈추고, 멀쩡하게 혼자서도 잘 뛰어노는 모습을 보였다. 가족의 관심을 받기 위해 일부러 발작연기를 한 것이 몰래카메라에 고스란히 찍혔다. L소장은 가히 메소드(method)급 연기라고 말했다.

장군이는 사실 남다른 사연을 갖고 있다. 유기견 보호소에서 보호 중이었고, 입양되지 않으면 안락사를 당할 처지였다. 주인은 그런 장군이를 데려왔다. 장군이는 가족의 사랑을 듬뿍 받으며 제2의 인생을 행복하게 살고 싶었을 것 같다.

주인이 장군이를 입양하고, 한 달 후에 임신했다. 아기가 태어나고, 그 아기가 아파서 병원에 다니느라 가족은 장군이를 보살피지 못했다. 장군이에게 관심을 보일 처지가 아니었다. 가족은 아기가 완쾌되기만을 바랐다.

장군이는 혼자 집을 지켜야 했다. 장군이 입장에서는 또 버려질지 모른다는 불안감이 엄습했을 수도 있다. L소장은 사람도 마찬가지이지만, 특히 동물은 친밀도가 높다가 환경에 새로운 변화가 생기면 큰 상처를 받는다고 설명해주었다.

장군이는 가족에게 관심을 받기 위해 발작연기를 했고, 그럴 때마다 가족은 장군이를 안아주고 발작이 진정되기만을 한마음으로 기도했다. 장군이는 이런 가족의 마음을 알아채고 사랑받고 싶으면, 바닥에 엎드려 경련을 일으켰고 고통스러워하는 모습을 보였다. TV를 보면서, 동물도 사람과 똑같은 감정을 가졌다는 것을 실감했다.

가족 모두를 속인 장군이의 할리우드 액션(?)은 살기 위한 몸부림은 아니었을까. 나는 장군이가 가족의 관심을 받기 위해 연기했다는 것을 알고 마음이 놓였다. 이제 장군이의 행동을 고쳐주어야 한다. L소장은 가족에게 장군이가 발작을 일으켜도 전혀 관심을 기울이지 말라고 신신당부했다.

가족이 소파 위에 앉아 한가롭게 담소를 나누고 있었다. 장군이는 이때다 싶었는지, 전처럼 바닥에 엎드려 발작을 일으켰다. 누구라도 이 광경을 보면 얼른 다가가서 장군이를 안아 일으켰을 거다. 그만큼 위급해 보이는 상황이었다.

가족은 이런 장군이의 연기에 속지 않고, L소장의 조언대로 그 자리를 피했다. 장군이는 예전과는 확실히 달라진 가족의 냉대에 크게 당황한 것 같다. 아니나 다를까. 장군이는 '이게 뭐지?'하고 놀라는 표정으로 주변을 두리번거렸다. 장군이는 거짓말처럼 발작을 멈추고, 슬그머니 일어나서 가족 곁으로 다가갔다. 나는 장군이의 그런 모습이 귀여워서 큰 소리로 웃었다.

주인은 장군이가 가까이 다가왔을 때, 칭찬과 함께 간식을 주었다. 장군이와 함께 공놀이도 했다. 장군이는 발작연기를 하지 않아도 가족의 사랑과 관심을 받고 있다는 걸 인지한 것 같았다. 두 달 만에 장군이는 가족이 보는 앞에서 활기찬 모습을 보였다.

　장군이가 불치병에 걸려 경련을 일으키는 줄 알고 마음을 졸였던 가족이다. 장군이의 마음을 알게 된 가족은 "머리에 이상이 있는 줄 알았어요. 안 아파서 정말 다행이에요."라고 말하며 눈물을 쏟았다. 장군이가 다시 차디찬 길에 버려질까 봐, 마음 졸이며 벌인 연기였다는 것을 알고 또 눈물을 흘렸다.

　오늘따라 장군이처럼 할리우드 연기를 하지 않아도, 내 마음을 알아주는 친구가 그립다. 동병상련인가.

꼬마 시인

작년 어린이날, 큰아들이 카톡으로 문자를 보냈다. 하윤이가 쓴 시였다. 하윤이는 초등학교 3학년이다.

나는
나는 말은 20살
나는 몸은 9살
나는 마음은 1살

하윤이는 초등학교 3학년이 맞나 싶을 정도로 말을 잘한다. 초등학교에 들어가기 전, 아니 유치원 들어가기 전에도 말을 잘했다. '아이가 어떻게 저런 표현을 하지?'하고 깜짝깜짝 놀라기 예사였다. 큰며느리에게 물었다.

"하윤이가 드라마를 자주 보니?"

"우리 드라마 안 보는데요."

"하윤이는 드라마도 안 보는데, 어떻게 저런 표현을 한다니?"

"책을 많이 읽어서 그런가 봐요."

하윤이는 손에서 책을 놓지 않는다. 우리 집에 오면서도 책 몇 권은 꼭 챙겼다. 식구들이 식당에 갈 때도 하윤이 가슴에는 책이 안겨 있다.

"밥 먹고 책 봐야지."

"이것만 보고…."

식사 때마다 큰며느리와 하윤이가 주고받는 대화다. 초등학교 입학한 후에는 동사무소 도서관 단골손님이 되었다.

하윤이는 말만 잘하는 줄 알았는데, 시도 잘 썼다. 남들이 나를 보고 '손녀 자랑하는 팔불출'이라고 말하지 않을까. 나는 팔불출이라 지적받아도 좋다.

하윤이가 말할 때마다 어른들의 칭찬을 들어서, 말늘은 스무 살이라고 쓴 것 같다. 정말 어른처럼 어려운 단어도 잘 사용한다. 내가 팔불출이라 그렇게 들리는 건가. 하윤이의 말을 들으면서 '과연 단어의 뜻을 알고 말하나?' 하는 의심이 든다. 그건 어디까지나 기우였다.

하윤이의 유치원 졸업식 발표회에 참석했었다. 병아리 같은 귀여운 어린이들의 율동을 보고 감탄했다. 하윤이는 한 동작 한 동작을 정확하게 표현했다. 나는 하윤이의 유치원 친구를 보기 전에는, 하윤이가 또래보다 큰 편에 속하는 줄 알았다. 내 예상은 빗나갔다. 하윤이는 친구들보다 작았다. 하윤이와 친구의 체격은 한눈에 봐도 많이 차이가 났다. 그런 꼬마가 앞줄 가운데에 서서, 실수하는 옆 친구를 챙겼다. 대견했다.

하윤이는 아기의 마음을 갖고 싶어 한다. 엄마 품을 그리워하는 아기…. 얼마나 예쁘고 귀여운가. 엄마와 아빠에게 천진난만한 아기로 남고 싶은 염원을 담지 않았을까. 그래서 마음은 한 살이다.

시를 다시 음미했다. 스무 살 된 성인처럼 말하고, 체격은 아홉 살이고, 마음은 순진무구한 한 살이라니….

하윤이의 시는 그냥 스쳐가듯 가벼운 시가 아니다. 아무 생각 없이 장난처럼 쓴 시도 아니다. 하윤이의 깊은 마음을 그대로 표현한 것 같다. 평소에도 툭툭 내뱉는 말이 모두 멋진 시 같다고 생각했다. 마음이 맑아서 그런 것 같기도 하고, 책을 많이 읽은 하윤이의 깊은 내공이 좋은 시를 만들었나 보다.

나는 큰아들에게 '예쁜 하윤이는 정말 감성이 만점이야. 꼬마 시인 나왔다.'라고 문자를 보냈다.

내가 할머니라서 그런가. 하윤이의 시는 읽을수록 정말 대단하다는 생각이 들었다.

생명존중 생명사랑

    코로나19와 폭염으로 몸과 마음 모두 피폐해지는 느낌이다. 뜨거운 햇살이 무서워 외출하는 것도 망설여진다. 수박과 음료수를 사기 위해 마트에 들르고, 오는 길에 꽃집에서 흙을 사려고 집을 나섰다. 집에서 가까운 거리에 마트와 꽃집이 있어 자주 들른다.

    마트 가는 길 중간쯤에 천막이 쳐져있고 그 아래에 책상이 놓여 있다. 책상 앞에는 남자 세 명이 앉아 있고, 그들 주변에는 여러 명의 남자가 서 있었다. 그 앞을 지나가는데, 서 있던 남자 중의 한 사람이 나에게 다가왔다.

    "잠깐 시간 좀 내주시겠어요?"

    "……."

    나는 놀라서 아무 말도 못 하고 뒷걸음질 쳤다. 남자는 다시 말했다.

"여기 설문지 좀 봐주세요."

나는 말없이 책상 앞으로 다가갔다. 의자에 앉아 있던 사람이 자리에서 일어나며 나에게 볼펜을 내민다.

"이게 무엇인데요?"

옆에 서 있던 사람이 나섰다.

"설문지를 읽어보시고 체크 해 주시면 돼요."

그들은 생명존중 생명사랑 연합 캠페인을 벌이고 있다고 소개했다.

문항을 일일이 기억은 못 하지만, 요즘 생활이 무료한가? 외롭고 우울한가? 삶이 재미가 없는가? 불행하다고 느끼는가? 등이었다. 각 문항을 읽고 '있다, 없다' 중에서 골라 표시하면 된다.

자살 예방 캠페인 설문지는 모두 열 문항이다. 나는 각 문항에 자신 있게 모두 '없다'에 표시했다. 솔직히 가끔은 짜증이 날 때도 있지만, 우울할 새가 없다. 늦은 나이에 책을 읽고, 글을 쓰는 즐거움을 느끼고 있으니 행복하다. 나의 행동을 유심히 보던 직원이 웃으며 한마디 했다.

"대단하세요."

내가 문항마다 한 치의 망설임 없이 '없다'에 표시하는 것이 신기하기도 하고, 한편으로는 놀라기도 한 것 같다.

나는 허리를 펴고 웃음으로 대답했다. 옆에 서 있던 사람이 비닐봉지를 내밀었다. 비닐봉지는 불룩했다.

"설문에 응해주신 답례예요."

"……."

나는 목례하고 돌아서는데, 무언지 모르게 마음이 뿌듯했다. 내가 생명존중 생명사랑 연합 캠페인에 조금이나마 도움이 된 것 같아서였다.

　늘 그랬듯이 마트에서 구입한 물건은 배달해 달라고 부탁하고, 꽃집에서 봉지에 들어 있는 흙을 샀다. 집에 와서 보건소 직원이 준 비닐봉지를 열었다. 비닐봉지 속에는 손으로 짠 수세미, 지퍼백, 마스크가 각각 한 개씩 들어 있다. '생명존중 생명사랑 그리고 봄'이라 쓰여진 책자와 초콜릿도 들어 있다. 작은 알의 초콜릿은 폭염을 견디지 못하고 녹아 있었다.

　아산시민이 참여하는 자살 예방 공모전을 통해 선정된 문구는 '살아있는 건 희망입니다'이다. 우울감 등 말하기 어려운 고민이 있거나 주변에 이런 어려움을 겪는 가족·지인이 있는 경우 24시간 자살 예방센터로 상담 요청하면 된다. 아산시보건소는 자살 예방주간을 맞아 '생명사랑 너를 봄, 너는 꽃'을 주제로 릴레이 응원 영상을 제작해 희망의 메시지를 전달하고 있다.

　릴레이 응원 영상은 사회적 거리 두기 실천에 따른 비대면 자살 예방 캠페인으로 생명존중 인식을 심어주기 위해서 만들었다고 한다. 자살 예방을 위한 전단지 배포 및 현수막 게시 등을 연중 실시한다고 했다.

　9월 10일은 세계 자살 예방의 날이다. 전 세계에 생명의 소중함과 국가적·사회적으로 증가하고 있는 자살문제의 심각성을 널리 알리고 이에 대한 대책 마련을 위해 제정한 날이다.

　나도 내 주변 사람들에게 생명존중 생명사랑을 홍보해야겠다. 살아있는 건 희망이고 큰 축복이다. 나와 당신, 우리는 모두 소중한 사람이니까….

누군가의 행복을 위해서

지인이 해마다 여름철이면, 카톡에 아름다운 수박 사진을 올린다. 매년 보는 수박이지만, 볼 때마다 수박의 변신에 크게 감동한다. 그 수박은 너무 예뻐서, 그냥 옆에 두고 감상만 하기에도 아깝다는 생각이 들 정도이다. '명물인생'이라는 프로그램은 누군가의 행복을 위해서 땀 흘리는 장인을 소개했다.

요즘은 코로나19로 인해 집 안에서 지내고 있다. 글도 잘 써지지 않고, 책을 읽는 것도 시들하다. TV 뉴스도 재미없고, 즐겨 듣던 트로트도 이제는 식상하다. 채널을 돌리고 또 돌리고 계속 돌린다. 종합채널이라 프로를 골라서 시청할 수 있어서 다행이다. 채널을 돌리는데 '명물인생'이라는 제목이 눈에 들어왔다.

남자가 왼손에 든 무를 오른손에 쥔 칼로 돌리고 있다. 그의 시선은 무를 보는 게 아니라, 시청자인 나를 쳐다보고 있다. 그는 양파를 연꽃으로, 무는 아름다운 국화꽃과 우아한 백조로 탄생시키고 있다. 만드는 게 아니라, 정말 탄생이다. 그는 '섬세함이 생명'이라고 나를 보고 이야기하고 있다. 그의 설명이 아니더라도, 그가 방금 전에 만든 작품은 모두 섬세함 그 자체다. 어떻게 이런 작품을 만들었을까. 감탄 또 감탄을 거듭했다. 그러나 그건 시작에 불과했다.

그는 예쁜 모양을 만들기 위해서는 칼, 재료 등 모든 게 좋아야 한다고 말한다. 그중 가장 중요한 것은 마음이라고 강조한다. 그는 마음이 우울하면 꽃이 예쁘게 필 수 없단다. 마음 하나를 잘 다스려야 작품이 예쁘게 나온다는, 그의 말을 듣고 세상사와 너무 비슷한 걸 느꼈다. 마음 하나 잘못 다스려서 크고 작은 일들이 우리의 발목을 잡는 일이 비일비재하지 않은가.

TV 명물인생에 나온 그는 카빙계의 명인 C씨이다. C씨는 SBS 생활의 달인, KBS 2TV 생생정보, OBS 명물인생 등에 출연했다. C씨는 각종 카빙대회에서 모조리 상을 휩쓸어, 더 이상 받을 상이 없을 정도이다. 지금부터는 카빙을 알리기 위해, 또 후배 양성에 힘을 쓰고 싶단다. C씨는 상대방의 손을 보면 그 사람의 인생을 안다고 말했다. 본인의 손을 보여주는데, 손이 파랗게 물이 들어 있다. C씨는 파란 색깔이 손에서 빠질 틈이 없을 정도로 카빙은 삶의 전부라고 설명했다.

거기다가 오른손은 굳은살이 박였고, 왼손은 칼에 베인 상처가 한두 군데가 아니다. C씨는 본인의 손이 자랑스럽다고 말한다. 특히 왼손을 가리켜 '베어지는 손'이라고 말하면서 왼손을 화면에 비추었다. 세상에, 베어지는 손이 어디 있으랴…. 그만큼 시련을 받는 손이라는 뜻이다.

왼손의 상처만 봐도 얼마나 많이 연습했는지를 한눈에 알 수 있었다.

각 지방에서 수박 카빙을 배우기 위해, 명인의 집을 찾는다. 카빙 전문기관에서는 수강료가 비싼 편인데, C씨는 무료로 가르쳐 준다. 동네 사람은 수박 한 덩이를 들고 오고, 또 어떤 사람은 트럭으로 수박을 싣고 오기도 한다. 수박을 트럭에 싣고 온 사람이 말했다.

"저는 욕심이 많습니다. 여기 가져온 수박으로 카빙을 배우고 싶습니다."

C씨는 프로그램 진행자에게 말했다.

"나는 칼 한 자루로 모든 채소를 아름답게 만들 수 있습니다."

"오늘은 어떤 작품을 보여주실 건가요?"

진행자도 호기심이 생기는지, 관심을 보였다.

"오늘은 시청자에게 용 작품을 보여 드리겠습니다."

"용이요? 하늘로 올라가는 용을 말하시나요?"

진행자는 거대한 용을 만드는데 가장 중요한 것이 무엇이냐고 물었다. C씨는 꿈틀거리는 용의 머리, 용의 등머리, 용의 비늘 부분은 섬세함이 생명이라 집중력이 필요하다고 대답했다. 한번 칼이 지나가면 다시 고칠 수 없기 때문이다.

나는 생각지 않게 용 만들기를 직관하게 되었다. 나도 모르게 흥분했다. TV 앞으로 바짝 다가앉았다. C씨가 당근으로 용을 만드는 것을 화면으로 보면서도 믿기지 않았다. C씨는 당근 한개 한개를 독립적으로 조각해서 이어붙였다. 꿈틀거릴 것 같은 용 한 마리가 탄생했다.

진행자가 C씨에게 물었다.

"이런 대작을 만들려면 힘이 들 텐데, 어려움은 없었나요?"

"예전에는 용을 만들 때 손도 아프고, 다리도 후들거렸는데, 지금은 즐거운 마음으로 용을 만들 수 있습니다."

"이런 용을 만드는데 시간은 얼마나 걸리나요?"

"두 시간 내지 세 시간이면 완성할 수 있습니다."

금방 불을 뿜으면서 하늘로 오르는 용을 만드는 데 걸리는 시간은 두 시간 내지 세 시간이란다. 정말 놀라운 일이다. 명인이 아니라면 감히 도전장을 내밀 수 없을 것 같았다. C씨는 시청자들에게 말했다.

"모든 작품을 만드는데, 마음이 가장 중요해요. 마음이 기쁘면 꽃도 예쁘게 만들 수 있고, 멋진 작품이 나옵니다."

명언 중의 명언이다. 무슨 일이든 마음이 가장 중요하다는 걸 모르는 사람은 없지 싶다. 단, 그 마음을 속이고, 가끔은 게으름을 피우기 때문에 멋진 작품이 나오지 않는 것 같다. C씨는 각종 대회를 통해서 평가받을 수 있고, 많은 사람과 정보를 교환할 수 있어서 대회에 출전한다고 말했다.

카빙을 발전시키기 위해서 평생 그 길을 가겠다는 각오도 보였다. C씨의 집에는 사람들의 발길이 끊이지 않았다. 수박 한 통을 들고 온 사람이 백일잔치에 쓰일 작품을 만들어 달라고 맡기고 갔다. 또 돌잔치에 쓸 수박 카빙을 찾으러 오기도 한다. 화면 속이지만 사람 사는 냄새가 물씬 풍기는 장면이다.

C씨는 처음에는 본인이 좋아서 시작했는데, 지금은 의뢰자들이 행복해하는 모습을 보는 것이 더 기쁘다고 말했다. 이제는 즐거운 마음으로 할 수 있으니, C씨 자신도 행복하다고 전했다. C씨는 정말 행복해 보였다.

"누군가의 행복을 위해서, 조각칼을 쥘 힘이 있을 때까지는 평생 멈추지 않겠다."라고 C씨는 덧붙여 강조했다.

종이접기와 현민이

　나는 작은아들네 식구가 도착할 시간이 가까워오자, 인터폰을 자꾸 쳐다보았다. 곧이어 인터폰 벨이 울려 열림을 누르니 아이들 얼굴이 보인다. 나는 부리나케 현관문을 열고 복도로 나갔다. 엘리베이터는 지하에 멈춰 서 있다. 곧 엘리베이터가 올라오고, 3층에서 문이 열리자 아이들이 우르르 나왔다. 나는 현서, 현민, 현우와 작은며느리, 작은아들을 반갑게 맞이했다.

　현민이는 아홉 살이다. 현민이는 보기에도 무거워 보이는 큰 보따리를 두 손으로 들었다.

　"이게 뭐니?"

　나는 황금색 보자기 안에 들어있는 물건이 궁금해서 물었다.

　"색종이에요."

작은 며느리가 대답했다.

"색종이?"

문방구에서 파는 색종이는 한 묶음에 열 장씩 들어 있다. 작은며느리는 종이접기를 잘하는 현민이를 위해서 색종이를 묶음이 아닌, 상자로 구입했다고 말했다. 현민이는 거실에 앉자마자, 색종이를 꺼내서 접기 시작했다. 나는 궁금하여 물었다.

"지금 무엇을 접고 있니?"

"강아지요."

현민이가 색종이를 접는 손길은 아주 야무지고, 태도는 진지하다.

우리 집에는 현민이가 접어준 동물이 여러 개 있다. 강아지, 개구리, 고양이, 사자, 고슴도치, 도마뱀, 낙타, 코뿔소 등…. 나는 '동물농장'이라 부른다. 현민이는 빨간색 색종이와 초록색 색종이를 이용해서 대형 카네이션도 만들어 주었다. 카네이션은 거실 서랍장 위에 올려놓았다. 매일 카네이션을 보며 현민이를 떠올린다.

TV를 켰다. 종합편성채널에서 '순간포착 세상에 이런 일이'를 방영했다. 앵커는 26세인 J씨를 '한 장 종이접기 고수'라고 소개했다. J씨는 어렸을 때 동네에 함께 놀아줄 친구가 없었다. 심심할 때 혼자 종이접기로 소일했다.

J씨는 팔을 다쳤을 때, 발로 종이를 접었다. 실제 TV 화면으로, J씨가 발로 종이학을 접는 모습을 볼 수 있었다. 보고도 믿기지 않았다.

J씨는 '하고 싶은 것을 하라.'는 아버지의 응원이 큰 힘이 되었고, 이런 아버지가 천군만마를 얻은 것처럼 든든하다고 말했다. J씨는 문구점에

서 파는 색종이가 아닌 전지全紙 한 장으로 모든 것을 접는다. J씨의 작품은 그 큰 종이로 밑그림도 없이 만든 창작품이라는데 더 놀랐다.

종이 한 장으로 세 시간이 걸려 접었다는 말馬을 보여주었다. 종이로 접은 말은 허벅지에 근육이 보이고, 얼굴 표정까지 살아 있다. 입체감은 최고였다. 종이접기 전문가는 J씨가 접은 말을 보고 '동물 종이접기로는 한국에서 최고'라고 극찬을 아끼지 않았다.

나는 J씨가 종이 한 장으로 뱀과 닭을 만드는데, 무려 일곱 시간이 걸렸다는 인터뷰를 보았다. 종이의 놀라운 변신이다. 종이 한 장으로 한 마리의 동물을 접는 것도 어려운데, 어떻게 두 마리의 동물을 접을 수 있는지…. 가히 종이접기의 신이라 할 수 있다.

담당 PD가 J씨에게 스테이플러와 카메라도 접을 수 있느냐고 물었다. J씨는 담당 PD의 말이 떨어지자마자 스테이플러와 카메라를 접었다. 종이로 접은 동물과 꽃 등은 많이 보았지만, 스테이플러와 카메라는 생소했기에 더욱 신기하게 보였다. 과연 사람의 능력의 한계는 어디까지인가.

현민이가 다음에는 어떤 것을 또 접어줄지 기대된다. 한층 더 고난도의 종이접기를 보여줄 것 같다. 현민이는 J씨의 종이 접는 영상을 보지 못했다. 한 장의 종이로 두 마리의 동물을 접을 수 있다는 것을 상상이나 했을까.

J씨의 특별한 종이접기에 대해서 현민이에게 말해줘야겠다. 어린 현민이가 어떤 반응을 보일지 무척 궁금하다.

입원실 단상

　손목 통증이 좀체 가라앉지 않는다. 단골 정형외과에 갔다. 오전 9시부터 진료가 시작되는데, 병원에 도착해서 시간을 보니 8시 30분이다. 대기실은 벌써 환자들로 만원이다. 번호표를 뽑았다. 일찍 서두른 보람없이, 오늘도 진료받기까지 한 시간 반 이상 기다려야 될 것 같다.
　대기실 벽에는 대형 TV가 걸려 있다. 나는 TV를 보는 대신 눈을 감고 직원의 호명에 집중한다. 눈을 감고 기다리다가 깜빡 졸았다. 내 차례가 되어 진료실에 들어갔다. 원장이 내 손목을 진찰하는데, 자지러지게 아파서 나도 모르게 소리를 질렀다.
　"여기가 아프세요?"
　원장은 아픈 부분을 용케 찾아서 꾹 눌렀다. 온몸에 식은땀이 날 정도로 아팠다.

"오늘 입원하셔요."

"예? 입원이요?"

"입원해서 MRI 찍어보고, 수액도 맞으세요."

"……"

나는 순간 크게 놀랐다. 손목 통증으로 입원할 거라고는 한 번도 생각해 보지 못했다. 무어라 대답을 못 하고 원장만 바라보았다. 원장은 간호사에게 말했다.

"입원 안내해 드려요."

손목에 염증이 생긴 게 이번만은 아니다. 전에도 가끔 손목이 아파서 정형외과에 들렀다. 원장은 손목을 찍은 X-Ray를 보고, 염증이 생겼다고 진단했다. 전에는 일주일에 한 번, 2주나 3주 정도 주사를 맞으면 신기하게도 통증이 가라앉았다.

그 후로 조금만 몸이 불편해도 정형외과를 찾았는데, 이번에는 이상하게도 완쾌될 기미가 보이지 않는다. 하루하루가 초조해진다.

병원과 집이 가까워서 그나마 다행이다. 원장은 이틀 입원하라고 했지만, 혹시나 하는 생각에 나흘 정도 입원할 생각으로 준비물을 챙겼다. 입원하기 전에 MRI, CT, 심전도, X-RAY 등을 찍고 코로나 검사도 했다.

간호사가 나를 6인실로 안내하는 바람에 깜짝 놀랐다. 3년 전에 교통사고 당했을 때와 금년 5월에 코로나19 백신을 맞기 위해서 입원했을 때도 2인실이었다. 이번에도 2인실에 배정될 줄 알고, 조용하게 책이나 읽으려고 마음먹었는데….

내 자리는 출입구 쪽이었다. 환자복으로 갈아입고 침대에 누웠다. 몸도 마음도 피곤했다. 내가 입원한 걸 아이들에게 알리지 않을 작정이다. 입원했다는 나의 문자를 받으면, 득달같이 달려올 게 뻔하다. 다들 바쁠 텐데…. 어차피 면회도 안 되고, 아이들 마음만 불편할 것 같다.

6인실은 2인실과 확연히 달랐다. TV 볼륨이 컸고, 환자 다섯 명의 목소리가 소란스러웠다. 그녀들이 침대에 올라앉아서 하는 대화가 너무 시끄러워서 독서에 집중할 수 없었다. 책 읽는 것을 포기했다. 다시 침대에 누웠다. 그녀들 중 A씨는 통화할 때도 주변 사람들을 의식하지 않고 큰 소리를 내질렀다. 통화 내용을 통해 A씨가 어제 다리를 수술했고, 조금 전까지 소변줄을 끼고 있었다는 사실을 알게 되었다.
여러 사람이 보는 TV는 나에게 아무런 의미가 없었다. 그녀들은 일일 드라마와 가요프로에 푹 빠져 있었다. 나도 가요는 좋아하지만, 그녀들의 대화에 낄 수가 없었다. 내가 잠을 자건 말건 그녀들은 상관없었다. 나는 투명인간이 된 것 같았다.
'시끄러우니 조금만 조용히 해달라고 말해 볼까?' 하는 생각이 굴뚝같았지만, 꾹 참을 수밖에 없었다. 마음 깊은 곳에서 짜증과 원망이 스멀스멀 일어나려고 한다. 눈을 꼭 감았다. 첫날은 그렇게 지났다.

다섯 명의 환자 외에 옆방에 있는 환자까지 합세해서 여섯 명은 계속 간식을 먹었다. 전자레인지에 감자를 찌고, 수박, 옥수수, 빵, 과자 등을 입에 달고 지냈다. 정말 신기했다. 옆방 환자까지 여섯 명 모두 다리를 수술한 환자인데, 빵과 과자, 수박 등이 어떻게 입원실에 있는 거지?

 옆방 환자는 내가 있는 입원실에서 상주하다시피 했다. 그녀들은 보형물을 다리에 차고 목발을 짚고 다녔다. 통증도 있고 많이 불편할 텐데…. 한 번도 불평하지 않았다. 휴양지로 휴가 온 사람들처럼 웃고, 먹고, 떠들었다.

 입원기간은 이틀이 아닌 3박 4일이었다. 원장은 하루 더 입원하기를 바랐지만, 퇴원하겠다고 말했다. 퇴원하고 집에 돌아오자마자, 내 시집과 수필집을 각각 여섯 권씩 챙겼다. 그녀들에게 갖다 주기 위해서다. 글 한 줄 읽을 수 없을 정도로 시끄럽게 떠들어댄 그녀들이었지만, 3박 4일을 함께 지내면서 정(?)이 들었던 것일까.
 장기간 입원으로 몸과 마음이 피폐해질 만도 한데, 긍정적으로 웃고 떠드는 그녀들에게 따뜻한 마음을 느꼈다. 그녀들이 빠른 시일 내에 씩씩하게 걸을 수 있도록 응원을 보낸다.

 나는 왼손에 힘이 없어 불편하고 통증으로 괴로웠지만, 그녀들을 보면서 '감사합니다'라는 말이 나도 모르게 튀어나왔다. 아픈 부위가 다리가 아니라서 감사하고, 오른손이 아니고 왼손이라서 감사했다. 또 수술할 정도가 아니라서 더욱 감사했다.

거짓 인생

    TV 채널을 돌리다가 '차트를 달리는 남자'라는 프로를 시청했다. 부제는 '충격적인 대국민 사기극'이다. 얼마나 큰 사기를 쳤기에 TV 시사프로에서 다룰 정도일까. 호기심이 일었다. 방송인 두 명이 서로 번갈아 가며 차트 12위부터 발표했다. 차트 4위의 충격적인 내용을 보면서도 믿기지 않았다. 믿기지 않을 정도가 아니라, 솔직히 머리를 한 대 얻어맞은 기분이다.

    지인이 카톡으로 긴 글을 보내왔다. 이 글을 읽고 감명 받았다며, 다른 사람에게 꼭 전해달라는 문자를 따로 올렸다. 제목은 '사과 한 알의 러브스토리'이다. '몹시 춥고 암울한 날이었다.'로 시작되는 '사과 한 알의 러브스토리'를 단숨에 끝까지 읽어 내려갔다. 나 역시, 그 사연을 읽고 감명 받았다. 천생연분天生緣分, 이야기의 주인공 부부는 하늘이 내려준 인연이라고 생각했다. 부러웠다.

때는 1942년 겨울, 주인공 헤르만은 유태인 강제수용소에서 암울한 생활을 하고 있었다. 헤르만은 꿈이나 희망은 애당초 버린 지 오래였다. 하루하루, 순간순간 간신히 목숨을 이어가는 거의 죽은 상태나 다를 바 없었다.

헤르만이 점점 더 깊은 절망 속으로 빠져들었던 어느 날 한 소녀가 등장한다. 그 소녀는 호주머니 안에 손을 넣더니 빨간 사과 하나를 꺼냈다. 아름답고 광택이 나는 빨간 사과였다. 소녀는 미소지으며 사과를 철조망 너머로 던졌다. 헤르만은 얼른 뛰어가서 그 사과를 집었다.

읽으면서도 뭉클했던 사연이었다. 한 치 앞도 내다볼 수 없는, 죽음의 그림자가 온몸을 에워싸고 있는 절박한 상황에 천사가 나타났다. 그 천사는 다음날도 그다음 날도 헤르만을 찾아왔다. 그들은 일곱 달 동안 그렇게 만났다. 헤르만은 천사를 만난 후로 따뜻한 감정이 싹트는 것을 느꼈다. 헤르만의 가슴이 차츰차츰 뜨거워지고 있었다.

그 행복도 잠깐이었고, 헤르만은 다른 수용소로 이동해야 했다. 그것은 헤르만에게 삶의 끝, 종말이 왔음을 의미한다. 소녀에게 내일부터 사과를 가져오지 말라고 당부했다. 헤르만은 체코의 수용소로 옮겨졌다. 여러 달이 지나고 악몽은 사라졌다. 전쟁이 끝난 것이다.

자유의 몸이 된 헤르만은 미국으로 돌아와 새 삶을 시작할 수 있었다. 헤르만은 친구의 소개로 한 여성을 만났는데, 그 여성이 유태인 강제수용소에서 헤르만에게 사과를 주었던 바로 그 소녀였다. 소녀

이름은 로마. 운명인가? 필연인가? 둘은 결혼했다. 50년 동안 행복하게 잘 살았다. 성공한 결혼생활이었다.

1996년 봄, 발렌타인데이에 헤르만은 로마와 함께 미국 전역에 방송되는 오프라 윈프리 쇼에 출연했다. 오프리 윈프리 쇼는 웃음과 감동을 전달하는 세계 최고의 토크쇼이다. 헤르만은 수천만 명이 지켜보는 앞에서 로마에게 말했다. "나에게는 매 순간 당신의 사랑이 필요하오."라고.

이 기막힌(?) 사연은 순식간에 신문, TV, 인터넷 등으로 퍼지기 시작했다. 헤르만과 로마는 미국의 유명 인사가 되었다. 읽는 내내 감동이었다.

이 감동적인 이야기가 사기였다고? 헤르만과 로마의 러브스토리는 완전 거짓이었다. 1995년 미국에서 발렌타인데이에 러브스토리를 공모했다. 궁핍한 생활을 하고 있던 헤르만이 상금을 타기 위해서 즉흥적으로 꾸며낸 사연이었다. 아이로니컬하게도 헤르만의 이 사연이 1위에 당선되었다. 1위가 아닌 2위를 했다면?

미시간 대학 캔 왈츠 역사학 교수가 헤르만의 이야기에 의심을 품었다. 1945년 5월 10일, 2시간 전에 이동이 결정되었다는 말이 거짓이라는 걸 눈치챘기 때문이다. 첫째는 수용소에서는 이동 날짜나 시간을 전혀 알려주지 않는다. 둘째는 철조망에는 고압선이 있어서 사과를 전하는 게 불가능하다. 셋째는 부헨발트 수용소는 외부와 연결된 유일한 도로는 독일군이 완전봉쇄한 상태라 로마가 헤르만을 지속적으로 만나는 것은 불가능했다.

헤르만은 자신의 출판 대리인을 통해 아내와 만나게 된 사연이 지어낸 사실임을 인정했다. 하지만 부부의 사연에 감동하고 응원했던 국민에게 단 한마디의 사과도 없었다. 헤르만은 그 사건이 있고 나서 죽을 때까지 주위 사람들의 손가락질을 받았다.

나는 그 부부의 거짓말보다 뻔뻔함에 더 기가 막혔다. 사람들은 죽음 앞에서는 모두 겸손해지고, 잘못을 인정하고 용서를 구하는 줄 알았는데…. 헤르만은 무슨 생각을 했을까.

올해 1월, CBS 뉴스쇼에 나왔던 내용을 보고 입이 다물어지지 않았다. 우리나라에서 이런 일이 생겼다는 게 믿기지 않았다. 아나운서가 익명 작가와 대담을 나누었다. P시의 사기꾼 S씨 이야기다. 남의 소설 전체를 도용하여 2020년 1년 동안 다섯 개 공모전에서 큰 상을 받았다. S씨는 문학상 공모전뿐 아니라, 사진공모전, 지자체에서 하는 아이디어 공모전에도 여러 개 입상했다. 이 모두가 남의 작품을 표절해서 얻은 결과였다. S씨는 남의 작품을 표절하는 게 직업인 셈이다. 그것도 전문적인….

아나운서는 남의 작품을 표절하는 것은 삶의 도둑질이요, 영혼의 도둑질이라고 말했다. S씨는 분명 다른 사람의 삶과 영혼을 훔친 도둑이었다. 지방신문은 '문학상 역대급 사기행각'에 직격탄을 맞은 '포천38문학상'이라는 제목으로 기사를 올렸다.

타인의 소설을 통째로 베껴 다섯 개의 문학 공모전에서 수상했다는 기사를 읽었지만 이해가 되지 않았다. S씨는 다른 사람보다 간肝이 엄청 큰 것 같다. 아니면 사리분별을 못하는 바보인가?

사람들은 점점 각박해지는 세상 인심을 걱정한다. '사과 한 알의 러브스토리'는 마른 땅에 내리는 단비처럼 사람들에게 희망을 주었다. 아름다운 사랑은 사람들의 가슴을 따뜻하게 하고도 남을 만큼 감동을 안겨 주는 사연이었는데….

헤르만은 사람들의 아름다운 꿈을 무참히 깨버렸고, S씨는 우리 국민의 정직함과 정의로움에 큰 상처를 냈다. 정말 슬픈 일이다.

카톡 하는 신호음이 울렸다. 지인이 단체 카톡에 글을 올렸다. 헤르만의 아름다운 사연(?) '사과 한 알의 러브스토리'다. 거짓인 줄 모르는 지인은 이 글을 읽고 감동했다면서 꼭 읽어보란다. 지인이 사실을 알고 나면 어떤 기분이 들까. 나처럼 실망하는 모습이 그려진다. 생각만 해도 아찔하다.

때깔이 맞아야지

　코로나19, 확진자 수가 기하급수적으로 늘어났다. 텔레비전 뉴스는 매일 확진자 수를 보도한다. 계간문예창작원도 2주간 휴강이다. 휴강하고 1주일 동안 무척 심란했다. 9월 25일, 이사 날짜까지 잡힌 탓에 일이 손에 잡히지 않았다.
　휴강 2주째다. 모처럼 청명한 하늘을 보니 우울했던 마음이 조금은 밝아졌다. 아침 산책을 나갔다. 봉강천 산책로는 장마와 폭우가 할퀴고 간 흔적이 고스란히 남아있다.
　산책로가 진흙탕이어서 걷는 게 수월치 않다. 할 수 없이 시내 쪽으로 발길을 돌렸다. 여행사 앞을 지나가는데, 흐린 글씨의 입간판이 보인다. 자세히 들여다보았다. '삶은 여행하는 것이지 준비하는 게 아니다'라는 문구가 보였다.

학교 다닐 때 입시 준비하고
　　대학에서 취업 준비하고
　　취업하면 결혼 준비하고
　　결혼하면 노후 준비하려고
　　태어난 게 아니다.
　　삶은 여행하는 것이지
　　준비하는 게 아니다

　입간판에 적힌 문구가 마음에 와 닿았다. 여행도 일종의 중독이라고 말하는 사람이 있다. 특히 해외여행을 다녀와서 몇 달이 지나면, 자신도 모르게 여행지를 검색하게 된다고 말한다. 나 역시 중독까지는 아니지만, 여행지를 자주 검색하는 편이다.

　그동안 크고 작은 사건이 터질 때마다, 여행사들이 큰 타격을 입었다. 연우는 O중학교 제자이다. 연우의 아버지는 A관광 여행사 대표이고, 관광버스를 여러 대 소유하고 있다.

　중동호흡기증후군(메르스)이 사람들의 발목을 잡았을 때, 연우의 모습이 생생하다. 요즘은 어떻게 지내느냐는 나의 물음에 연우는 대답 대신 참담하다는 표정을 지었다.

　메르스가 안정되었다는 소식에 다시 관광업계는 활기를 찾았다. 관광버스는 관광객을 싣고 우리나라의 이름난 산과 관광지를 찾았다. 뉴스를 진행하는 아나운서도 흥분한 듯 보였다. 성수기와 비성수기가 있던 예전과는 확연히 다르게, 요즈음의 관광업계는 연중 호황이라고 목소리를 높였다.

 고등학생들이 제주도로 수학여행을 가려고 탔던 세월호가 바다에 침몰했다. 교육부에서 수학여행을 전면 중단한다고 발표했다. 그 여파는 엄청 컸다. 수학여행 전문 업체와 전국 관광버스회사가 파산 위기를 맞았다. 콘도와 리조트 등 숙박업계, 단체식당, 관광지의 주변 상점, 소상공인들은 줄줄이 타격을 받았다.

 2020년은 코로나19로 항공사와 관광업계에 빨간 불이 들어왔다. 줄줄이 예약이 취소되었고, 항공사 직원에 대한 임금이 큰 이슈로 떠올랐다. E항공은 직원 605명을 단숨에 해고했다. 9월 8일 한국경제는 'E항공 노조, 임금 8개월 못 받아 절규'라는 제목의 기사를 실었다. 경제 대란이다.

 코로나19가 잠잠해졌다는 뉴스를 보고, 한시름 놓아도 되겠다고 생각했다. 하루 확진자 수가 한자리라는 보도에 마스크를 쓰고, 계간문예창작원에서 강의를 들었다. 예전처럼 KTX, 전철, 시내버스와 택시를 이용했다.

 아나운서는 8월 15일, 집회에 참가한 사람들 중에서 확진자가 많이 생겼다고 격앙된 목소리로 말했다. 중앙재난안전대책본부에서 사회적 거리 두기를 2단계에서 2.5단계로 상향 조정하였다.

 항공사와 관광업계가 또 직격탄을 맞았다. 어느 누구도 예측 못 했던 일이 벌어진 거다. 딱히 항공사와 관광업계만의 일은 아니다. 자영업을 하는 사람들도 마찬가지다. 상점 문에 붙은 '임대문의'라는 문구가 한 집 건너 붙어 있는 걸 볼 수 있다.

 돌이켜보니 코로나19가 창궐하기 전의 삶은 행복이었고 축복이었다. 우리는 그 행복을 고맙다는 생각보다 당연한 걸로 알고 살아왔다. 겸손하기보다는 오만한 마음을 품고 살지 않았는지 한 번쯤 되돌아볼 일이다. 입간판에 쓰인 '삶은 여행하는 것이지 준비하는 게 아니다'라는 문구가 자꾸 떠올랐다.

아무리 시간이 남아 돌아가고 돈이 많이 있어도, 여건이 맞지 않으면 한 발짝도 움직일 수 없다는 것을 왜 몰랐을까.

평설

| 평설 |

평범한 체험에서 값진 의미를 찾아내는 안목
— 이정희 수필집 《개나리꽃도 피었네》

정종명
(소설가 · 계간문예 발행인)

등단 10주년

 이정희 수필가는 2012년에 등단해, 올해로 등단 10주년을 맞는다. 10년이면 강산이 변한다는 말이 있다. 요즘 10년은 옛날과 달라 강산이 몇 번 변하고도 남을 시간이다. 10주년 기념으로 이번에 네 번째 수필집 《개나리꽃도 피었네》를 상재한다.
 이 수필집에는 44편의 수필이 4부로 나뉘어 실린다. 2018년 12월에 세 번째 수필집 《정희야 잘했다》를 상재하고 채 4년이 안 되었는데 네 번째 수필집을 상재하니 놀라지 않을 수 없다. 그 사이에 시집도 두 권이나 선 보였다. 10년 동안 수필집 네 권과 시집 두 권이면 이정희 수필가가 얼마나 부지런한 삶을 살았는지 증명된다. 그는 여기에 머물지 않고 2019년에는 전국시낭송대회에서 대상을 받아 시낭송가로 데뷔했고, 2022년에는 계간문예신인상에 단편소설 〈먼 사람〉이 당선되어 소설가로도 입신했다.

　12월 중순인데, 금오지池를 낀 올레길 둑에 개나리와 진달래가 활짝 피었다. 앞서가는 사람들도 개나리와 진달래를 봤을 텐데, 아무런 말이 없었다. 아마 앞만 보고 가느라고 길섶에 핀 꽃들을 못 본 모양이다. 이 겨울에 개나리와 진달래가 꽃을 피웠으리라고는 상상도 못했을 테니까.
　먼저 내 눈에 띈 꽃은 노란 개나리다. 놀랍고 반가움에 "어머나, 개나리가 피었네."라고 말했다. 뒤따라오던 회원이 "뭐야! 푼수인가 봐. 봄도 아닌데…."라고 말하며 나를 제치고 앞장섰다. '푼수? 개나리가 푼수라고?' 나는 푼수라는 말이 생경하게 들렸다. 앞으로 몇 발자국 더 나아가니, 이번에는 여러 송이의 진달래꽃이 보였다.
　나는 계절을 초월해서 핀 꽃을 보는 순간, 무언지 모르는 뜨거운 불덩이가 가슴속에서 일렁였다. 나는 푼수라는 말 대신에 "너희들 참 대단하다. 장하다."라고 속삭였다. 꽃이든 사람이든 상대방을 즐겁고 기쁘게 해준다는 건 정말 대단한 일이 아닐까. 〈중략〉
　금오지 주변은 말 그대로 한 폭의 그림이다. 산이 있고, 숲이 있고, 역사문화디지털센터가 있다. 개나리와 진달래가 반겨준다. 푼수라는 소리를 들으면서까지 이 겨울에 핀 개나리와 진달래는 사람들의 관심과 사랑을 받고 싶었던 것은 아닐까.
　개나리와 진달래는 봄이면 으레 피는 꽃이라 크게 대접을 받지 못한다. 담장에 노란 개나리가 피고, 산에 울긋불긋 진달래꽃이 보이면 어느새 봄이 왔구나 하고 예사롭게 지나치기 십상이다. 그런 개나리와 진달래가, 한겨울에 꽃을 피워 사람들의 시선을 한 몸에 받으면서 귀한 대접까지 받는다.

늦게 내려온 회원들이 진달래와 개나리를 보고 한마디씩 했다. "어머나, 진달래다." "개나리꽃도 피었네." 회원들은 개나리와 진달래를 스마트폰에 담느라 분주했다.

귀하게 대접받는 개나리와 진달래가 부러웠다. 나도 저 꽃들처럼 뒤늦게 꽃을 피우는 인생을 살 수만 있다면 얼마나 좋을까. 나는 요즘 수필, 시, 시낭송에 이어 소설과 동화까지 넘보고 있다. 공부하느라고 일주일을 하루같이 바쁘게 보내고 있다. 나이로 보면 나는 분명 한겨울에 접어들었다. 그 때문에 공연한 욕심을 부리는 게 아닌가 싶어 슬그머니 주눅이 드는 것도 사실이다. 그러면서도 글밭에만 가면 없던 의욕과 기운이 새삼 솟구친다.

수필이든 시든, 그리고 시낭송이든, 소설과 동화든, 나는 공부하는 것이 좋고, 공부하러 가는 길이 즐겁고 행복하다. 이런 나를 보고 이웃과 지인들은 과연 뭐라고 말하는지 궁금할 때가 많다. '푼수'라고 지적하는 사람이 개중에는 없지 않을 것도 같다. 그렇지만 나는….

누가 뭐라고 말하든, 나는 개의치 않겠다. "개나리꽃도 피었네"라는 말에 나도 포함되면 좋겠다.

— 〈개나리꽃도 피었네〉 중에서

수필집의 표제작인 〈개나리꽃도 피었네〉를 먼저 살펴본다. 작품 서

두에 '우리는 생각이 조금 부족한 사람, 자기의 분수를 모르는 사람, 아무 때고 앞에 나서서 설치는 사람을 흔히 푼수라고 말한다.'라고 푼수를 정의해 놓았다. 비슷한 의미로 '푼수데기'라는 말도 있다. 푼수는 별로 좋은 의미가 아닌데, 화자는 왜 푼수가 되고 싶다고 하는가. 일종의 반어법이 아닐까.

화자는 공부하기를 좋아한다. 수필, 시, 소설, 시낭송 등 장르의 경계를 허물며 열심히 공부에 매진한다. 일주일에 두세 번씩 아산에서 서울로 공부하러 다닌다. 남들이 푼수라고 흉을 보더라도 화자는 공부를 멈추지 않고 기꺼이 푼수가 되고자 한다. 비록 '푼수'라는 단어가 품위 있는 단어는 아니지만, 푼수 소리를 들으면서까지 한겨울에 활짝 핀 금오지 주변의 개나리와 진달래처럼 귀한 대접을 받고 싶은 화자의 심리가 잘 표현된 작품이다. 동행한 사람은 봄도 아닌데 개나리가 피었다고 푼수라고 말하며 지나갔지만 화자는 가슴속에서 뜨거운 불덩이가 일렁였다.

화자의 나이와 철지난 꽃을 비교하면서 새로운 의미를 도출해 내고, 형상화 시킨 작품이다. 평범한 체험에서 값진 의미를 찾아내는 안목을 갖춘 수필로 사유의 여운을 던져준다.

평범한 일상이 더욱 소중한 시대

산책하려면 아파트 내에 있는 약국 앞을 지나가게 된다. 다른 날보다 일찍 산책하러 나갔다가 기이한(?) 현상을 보게 되었다. 약국에서부터 아파트 정문 다리까지 한 줄로 긴 줄이 이어졌다.

마스크를 사러 온 사람들인 걸 뒤늦게 알았다. 약국 문이 열리기도 전에 주민들이 미리 와서 기다리고 있었다. 약국은 물론 편의점, 마트에도 마스크가 품절이다. 마스크 5부제, 마침내 정부에서 마스크 수급 안정화 대책으로 지정된 날에만 공적 마스크를 구입할 수 있도록 했다. 공적 마스크! 생전 처음 들어보는 말이다.

내가 마스크를 살 수 있는 날은 수요일이다. 주민등록증을 지참하고 일찍 서둘렀다. 1시간 30분을 기다려 마스크 두 장을 샀다. 내가 마스크 두 장에 뿌듯해할 줄이야…. 아이들한테 문자로 마스크 두 장 샀다고 자랑했다. 아홉 살인 손녀가 문자를 보냈다. "축하해요, 할머니!" 마스크 두 장 사고 축하받기는 또 생전 처음이다. 코로나19로 인하여 생전 처음 해보는 것이 점점 늘어간다.

코로나19가 사람들의 일상을 180도로 바꾸어 놓았다. 가히 슈퍼급이다. 학교가 개학을 늦추고 각종 행사를 취소하고 문화센터는 폐쇄했다. 가족의 방문도 자제해야 한다. 본의 아니게 이산가족이 되어야 했다. 피치 못할 사정이 있어 지인을 만나야 할 경우에는, 마스크를 쓰고 손 소독을 하고 나간다. 우리나라만이 아니다. 세계가 코로나의 위험으로부터 벗어나기 위해 총력을 기울인다. 군인들까지 동원한 나라도 있다. 완전 전시戰時 체계다. 〈중략〉

요즘 마스크를 쓰지 않고 공공장소에 민낯을 드러내는 것은, 타인을 배려하지 않는 무례한 행동으로 보인다. 자신을 숨기기 위한 비밀스러운 마스크가, 타인에게 공격받지 않고 자신을 지키기 위한 수단이 되었다. 타인과의 접촉을 피하다 보니, 점점 고립되어 가는 생활을 선택하고 있는 것 같아 쓸쓸하다.

지금 나는 마스크 2장을 구입하고 축하받는 세상, 손자 현민이가 손꼽아 기다리던 입학식도 원격으로 하는 세상에 살고 있다. 요즘 나의 유일한 낙은 산책이다. 아무 생각 없이 걷는다. 산책할 때, 마스크에 모자를 쓰고 앞만 보고 걷는다. 이웃과의 교류가 단절된 세상에 살고 있다.
코로나19는 나의 일상을 확 바꾸어 놓았다.
― 〈일상을 바꾸다〉 중에서

한동안 공적 마스크를 사기 위해 줄 서서 대기했던 적이 있다. 눈앞에 펼쳐지고 있는 줄 서기 모습을 묘사한 장면이다. 약국 문이 열리기도 전에 마스크를 구입하려고 기다리는 모습, 사상초유의 일들이 벌어지고 있는 현실이 일상을 완전히 바꾸어 놓았다. 비정상이 정상인 현실이다.

'코로나19' 감염 확진자 수가 멈출 줄 모르고 전국적으로 계속 증가할 때, 정부에서는 마스크 품귀현상을 막기 위해 매점매석을 금지하고 일일 500만장의 마스크를 공적 판매처를 통해 지역 사회에 공급했다. 마스크를 사기 위해 긴 줄을 서는 진풍경이 벌어지고, 바로 앞 사람한테서 마감되는 경험을 한 적도 있었다.

마스크는 많이 살 수도 없고 겨우 두 장 사는데 보통 한두 시간을 줄 서서 기다려야 하는 불편을 감수했다. 힘들게 마스크 두 장을 구입했다고 자랑하고 축하받는 일상에서 웃어야 할지, 울어야 할지 모를 현실이 이어진다. 마스크 착용은 새로운 일상이 되었고, 평소에 스스럼없이 수시로 만나던 지인들도 쉽게 만날 수 없게 되었다.

우리는 일상을 반복하면서, 익숙하게 하루하루를 살아왔으나, 코로나19 사태 이후로는 평범한 일상이 특별한 일상으로 변질되었다. 평범하고 단조로운 일상이라고 가끔 일탈을 꿈꾸기도 했지만, 그랬던 일상조차도 거리가 먼 단절의 시간을 보내고 있다. 일상의 체험이 수필에 녹아들면 그 자체로 새로운 의미가 부여된다. 일상의 소소한 삶이 얼마나 소중한지 새삼 깨닫는다.

어느 지방자치단체에서는 신종 코로나바이러스 감염증(코로나19) 장기화로 위축된 주민의 정서적 안정을 지원하는 차원으로 반려식물 등을 제공한다고 밝히기도 했다. 반려식물은 실내 미세먼지 감소와 공기정화 효과를 극대화 해준다. 반려식물과 교감을 하다보면 코로나로 지쳐 있는 삶의 활력을 되찾을 수 있고, 건강한 일상을 누릴 수 있다.

코로나가, 평범한 일상이 소중하다는 것을 일깨워준다. 코로나로 인한 일상적 현실의 이야기는, 독자로 하여금 흥미를 갖고 읽게 한다. 자신이 겪은 고난과 충격을 객관적으로 성찰할 수 있기 때문이다.

가족은 우리 삶의 근원

5월은 가정의 달이다. 5월 5일, 어린이날에는 작은아들 내외가 손자 현우(고1), 손녀 현서(중1), 손자 현민(초2)이를 데리고 다섯 식구가 왔었다. 점심과 저녁을 함께 먹었다. 큰아들네 식구와는 지난달에 여수로 3박 4일 여행을 다녀왔다.

오늘은 5월 8일, 어버이날이다. 일찍 잠이 깨었다. 작은아들네 식구가 3일 전에 왔다 갔지만 막상 아무도 오지 않는다 생각하니까 갑자기 집 안이 텅 빈 느낌이 들었다. 오늘따라 괜히 심란해서 일손이 잡히지 않는다. 습관대로 TV 채널을 돌렸다. (중략)

　작은아들 내외가 돌아간 후에 큰아들한테 카톡이 왔다. '미세 먼지 때문에 어디 못 나가셨죠? 저희도 집에만 있었어요. 어버이날 선물은 못 드리고 조금 송금했어요.' 큰며느리는 손녀 하윤이(초3)가 만든 카네이션을 사진으로 찍어 보냈다. 사진에 있는 카네이션이 정말 예뻤다.

　5월은 가정의 달이다. 5월 5일 어린이날, 5월 8일 어버이날, 5월 21일 부부의 날이 있다. 5월은 가족끼리 서로 아껴주고, 사랑하는 가족에 대해 돌아보게 한다. 큰아들과 작은아들, 두 며느리와 귀여운 손자와 손녀가 나와 함께 한다는 사실에 새삼 든든하고 고마웠다.

— 〈가정의 달〉 중에서

　가족은 우리 삶의 근원이자 역사며 행복의 현재진행형이다. 가족은 힘든 일이 있을 때 의지할 수 있고, 행복한 일이 있을 때 함께 즐기는 가장 편안함을 느끼는 대상이다.

　이정희 수필가는 두 아들 내외와 현우, 현서 현민, 하윤 등 4명의 손주가 있다. 어버이날이 되기 전에 큰아들네 가족과 여수에 다녀왔고, 어린이날에 작은 아들네 가족이 다녀갔기 때문에 어버이날은 TV나 보면서 지내려다가 뜻밖에 작은 아들네 가족이 방문해서 기분이 좋아진 일상을 담담하게 펼쳐놓았다. 부모에게 자식 사랑과 자랑은 당연한 것이겠지만, 이정희 수필가는 평소에도 두 아들과 두 며느리가 효자 효부라고 자랑을 많이 한다.

　최근에 이정희 수필가가 소설가로 등단했다. 등단식에 참석한 두 아들이 어머니에게 하는 모습을 보고 이정희 수필가가 아들 자랑하는 이유를 알 수 있었다. 이정희 수필가는 또 손자 현우와 손녀 현서가 상급학교에 진학하고, 학원에서 늦게까지 공부하느라 힘들어 한다고 안타까워하기도 한다.

　가족을 소재로 다룬 수필은 많다. 가족은 인간의 성장과 삶의 문제 등에 긴밀한 관계를 맺기 때문에 더더욱 문학작품 속에 자주 등장한다.

　수필은 대부분 화자와 작가가 일치하는 형식을 취하며 진실과 맞닿아 있는 특징이 있다. 가족을 바라보는 견해와 태도가 그대로 드러나기 마련이어서 작품을 읽으면 작가의 가족사도 훤히 알 수 있다. 가족은 역시 자주 만나야 하는 관계다. 5월, 가정의 달을 맞아 가족 사랑을 표현한 편안한 글이다. 가족이라는 보편적 소재를 지렛대 삼아 가족애로 똘똘 뭉친 가정의 평화로운 일상을 진솔하게 보여준 작품이다.

　　현민이가 색종이를 접는 손길은 아주 야무지고, 태도는 진지하다.
　　우리 집에는 현민이가 접어준 동물이 여러 개 있다. 강아지, 개구리, 고양이, 사자, 고슴도치, 도마뱀, 낙타, 코뿔소 등…. 나는 '동물농장'이라 부른다. 현민이는 빨간색 색종이와 초록색 색종이를 이용해서 대형 카네이션도 만들어 주었다. 카네이션은 거실 서랍장 위에 올려놓았다. 매일 카네이션을 보며 현민이를 떠올린다.
　　TV를 켰다. 종합편성채널에서 '순간포착 세상에 이런 일이'를 방영했다. 앵커는 26세인 J씨를 '한 장 종이접기 고수'라고 소개했다. J씨는 어렸을 때 동네에 함께 놀아줄 친구가 없었다. 심심할 때 혼자 종이접기로 소일했다.

J씨는 팔을 다쳤을 때, 발로 종이를 접었다. 실제 TV 화면으로, J씨가 발로 종이학을 접는 모습을 볼 수 있었다. 보고도 믿기지 않았다.(중략)

현민이가 다음에는 어떤 것을 또 접어줄지 기대된다. 한층 더 고난도의 종이접기를 보여줄 것 같다. 현민이는 J씨의 종이 접는 영상을 보지 못했다. 한 장의 종이로 두 마리의 동물을 접을 수 있다는 것을 상상이나 했을까.

J씨의 특별한 종이접기에 대해서 현민이에게 말해줘야겠다. 어린 현민이가 어떤 반응을 보일지 무척 궁금하다.

— 〈종이접기와 현민이〉 중에서

하윤이는 말만 잘하는 줄 알았는데, 시도 잘 썼다. 남들이 나를 보고 '손녀 자랑하는 팔불출'이라고 말하지 않을까. 나는 팔불출이라 지적받아도 좋다.

하윤이가 말할 때마다 어른들의 칭찬을 들어서, 말글은 스무 살이라고 쓴 것 같다. 정말 어른처럼 어려운 단어도 잘 사용한다. 내가 팔불출이라 그렇게 들리는 건가. 하윤이의 말을 들으면서 '과연 단어의 뜻을 알고 말하나?' 하는 의심이 든다. 그건 어디까지나 기우였다. (중략)

하윤이의 시는 그냥 스쳐가듯 가벼운 시가 아니다. 아무 생각 없이 장난처럼 쓴 시도 아니다. 하윤이의 깊은 마음을 그대로 표현한 것 같다. 평소에도 툭툭 내뱉는 말이 모두 멋진 시 같다고 생각했다. 마음이 맑아서 그런 것 같기도 하고, 책을 많이 읽은 하윤이의 깊은 내공이 좋은 시를 만들었나 보다.

— 〈꼬마 시인〉 중에서

  이정희 수필가에게 막내손주 현민이에 대한 사랑은 끝없이 이어진다. 현민이가 무엇을 하건 다 예쁘고 대견하다. 운동을 할 때나 종이접기를 할 때나 그저 보기만 해도 좋다. 일명 손자바보가 된다. 꽃보다 예쁘고 귀여운 현민이가 작가의 집을 동물농장으로 꾸밀 정도로 많은 동물을 접어주었고, 카네이션을 만들어 가슴에 달아주었으니, 거실에 두고 수시로 보면서 매일 현민이를 생각한다. 종이접기에 골똘한 손자와 보내는 일상에서 참다운 사랑을 느끼는 작가는 TV에 등장하는 J씨의 종이접기 영상도 현민이에게 추천하려고 한다. 현민이의 다음 작품을 기대하는 할머니의 마음이 잘 드러나 있다. TV를 보면서 이런저런 추억에 잠기기도 하고, 현민이 생각에도 잠긴다.
  이정희 수필가의 손주 사랑은 현민이뿐만 아니다. 하윤이에 대한 사랑도 자타가 공인하는 국보급 사랑이다. 남들이 팔불출이라고 해도 이정희 수필가의 하윤이 자랑은 끝이 없다. 〈꼬마시인〉은 하윤이가 쓴 시를 읽고 감동해서 쓴 작품이다. 평소에 책을 많이 읽는 하윤이의 내공을 높이 사면서 하윤이를 자랑한다. 하윤이에 대한 사랑과 믿음은 이정희 수필가의 시집에도 잘 나타난다.
  하윤이가 "할머니, 꽃길만 걸어요."라고 한 말을 소재로 〈꽃길만 걸어요〉라는 시를 썼고, 그 시를 표제작으로 시집 《꽃길만 걸어요》를 상재해 문단의 관심을 받았다.

하윤이가 쓴 시 〈나는〉은 "나는 말은 20살 / 나는 몸은 9살 / 나는 마음은 1살"로 3행 짜리 짧은 시다. '스무 살 된 성인처럼 말하고, 체격은 아홉 살이고, 마음은 순진무구한 한 살'이라고 쓴 시를 읽고, 초등학교 3학년 학생 수준의 작품이 아니라고 생각한다. 하윤이의 마음 상태 그대로를 시로 표현한 것 같다며 감동하는 팔불출 할머니가 된다. 이렇듯 현민이와 하윤이에 대한 내리사랑은 작품 속에서도 계속 이어진다.

이런 글이 편하게 읽히는 것은 무엇보다도 꾸밈없는 진솔한 이야기 전개로 술술 넘어가는 문장력 덕분이 아닐까. 문장은 모든 글에서 가장 기초가 될 뿐만 아니라, 정확한 문장은 글의 기본 요소다. 이정희 수필가는 이 기본기가 잘 다듬어져 있어 작품 읽기가 한결 수월하다.

사람과 더불어 살아가는 반려동물

시산제를 지내고, 점심 식사 후에 제기차기와 윷놀이를 했다. 제기차기는 아예 나설 생각조차 하지 못했다. 여섯 팀으로 나누어 윷놀이를 했는데 우리 팀은 일찌감치 탈락했다. 다른 팀의 윷놀이를 구경하며 응원했다. 열띤 경쟁 속에 1, 2, 3등이 결정되었다.

돌아갈 시간까지는 여유가 있다. 주차장 근처에는 동네주민들이 말린 나물과 약초 등을 팔고 있었다. 길 한쪽에 한 아주머니가 큰 박스를 앞에 놓고, 그 앞을 지나는 나를 빤히 쳐다본다. 나는 무슨 일인가 싶어 아주머니한테 가까이 다가갔더니 "강아지 사셔요!"

한다. 박스 안에는 잠에 곯아떨어진 강아지 두 마리가 들어있다. 회룡포까지 와서 강아지를 만나게 될 줄이야.

사람들 목소리에 강아지 한 마리가 눈을 떴다. 이어 다른 강아지도 잠에서 깨어났다. 앙증맞다는 표현이 더 어울린다. 아주머니는 만원에 두 마리 다 가져가란다. '세상에, 만원에 두 마리라니….' 마음 같아서는 한 마리에 십만 원이라도 주고 데려오고 싶었다.

나는 강아지를 좋아한다. 반려견으로 닥스훈트 두 마리를 키웠다. 두 녀석의 이름은 타니와 코리다. 동생인 코리가 열세 살 되던 해에 먼저 무지개 다리를 건넜다. 코리를 잃고 내 마음은 오랫동안 허전했고, 잘 보살피지 못해 일찍 간 것 같아서 미안했다. 혼자 남은 타니가 다행히 코리의 빈자리까지 메워주었다. 타니의 나이가 열여섯 살이라, 또 언제 내 곁을 떠날지 모른다.

아이들은 타니가 세상을 뜨기 전에 예쁜 강아지 한 마리 데려다 정情을 붙이라고 말했다. 친구들이 나에게 강아지를 주겠다고 말했지만 사양했다. 타니가 내 곁을 떠나면 더 이상 강아지를 안 키우겠다고 마음속으로 다짐했다.

태어난 지 한 달이 넘었다는 귀여운 강아지를 보니, 그렇게 다짐했던 마음이 조금씩 흔들렸다. 두 녀석 모두 데려가고 싶었다. 강아지 곁을 떠나지 못하는 나에게 S씨가 다가오더니 "강아지 데려다 키우실래요?"하고 묻는다. 나는 고개까지 절레절레 내두르면서 "아니요."라고 말했다. 내가 키우고 싶다고 대답하면, 당장 만원을 낼 기세다.

— 〈강아지 두 마리〉 중에서

요즘은 사람과 더불어 살아가는 동물이나 식물을 반려동물이니, 반려식물이니 하며 가족으로 생각하는 추세다. 네 가구 중 한 가구는 반려동물을 키우는 시대라고 한다. 이정희 수필가도 반려견, 타니와 코리 두 마리를 가족처럼 키웠다. 〈강아지 두 마리〉를 쓸 때는 한 마리는 무지개다리를 건넜고, 한 마리만 남은 때였나 보다. 지금은 두 마리 모두 떠난 것으로 안다.

회룡포에 갔다가 강아지 두 마리를 팔고 있는 아주머니를 만나, 옛날에 키우다가 시동생댁으로 입양 보낸 강아지들을 회상한다. 그 강아지 두 마리도 마음껏 뛰어놀 수 있는 넓은 정원이 있는 집으로 입양되어 좋은 주인을 만나 행복하게 살았으면 좋겠다고 생각하며 아쉬움의 발길을 무겁게 돌린다.

개는 오랫동안 인간과 가까이 지낸 동물이다. 개에 대한 미담 중에 유명한 오수개가 있다. 불이 난 것을 모르고 잠이 든 주인을 구했다는 개다. 전북 임실군 오수면 시장마을에 오수개 동상이 그 증거물이다. 고려시대 임실에 살던 김개인金蓋仁은 어느 날 잔치집에 다녀오다가, 들불이 일어난 줄도 모르고 술에 취해 풀밭에 잠들었는데, 그가 기르던 개가 근처 개울에서 몸을 적신 다음 들불에 뒹굴어 누워있는 주인 주변의 불을 꺼 주었다. 주인이 잠에서 깨어나 개가 자신을 구하고 죽었다는 사실을 알고 개의 주검을 묻어주고 자신의 지팡이를 꽂았더니, 그 지팡이가 나무로 자라났다고 한다. 훗날 '개 오獒'자와 '나무 수樹'자를 써서 그 고장 이름을 '오수獒樹'라고 불렀다고 전한다.

호메로스의 《오디세이아》에도 개가 등장한다. 주인공 오디세우스는 10년 동안의 트로이 전쟁에서 승리한 뒤, 고향 이타케로 돌아가기 위해 또 10년 동안 험난한 방랑생활을 한다. 우여곡절 끝에 고향에 돌아왔으나, 거지꼴로 돌아왔기 때문에 그를 알아보는 사람이 아무도 없다. 오디세우스가 키우던 개, 아르고스만은 주인을 알아본다. 충견의 대명사 아르고스는 20년 동안 주인을 기다리다 주인이 돌아온 것을 확인하고 비로소 눈을 감는다.

개에 대한 에피소드를 풀어내려면 끝이 없다. 개만도 못한 사람이라는 말을 들어 본 적이 있다. 사람이 개를 배반하는 일은 많지만, 개가 사람을 배반하는 일은 없다고 한다. 반려동물이라고 애완견 취급을 하다가 유기하는 경우도 많다니, 끝까지 가족으로 지낼 자신이 없으면 처음부터 반려동물을 데려오지 말아야 한다. 반려동물이 유기동물로 변하는 것은 한순간이다.

지금의 내 모습은 내 선택의 결과

나는 젊은이 못지않은 체력으로 테니스 치는 99세 할아버지와 102세 K교수의 부지런함을 닮고 싶다. 건강이 부럽다. '너는 너대로 편하게 살면 된다'고 말하는 이도 물론 있을 거다. 중요한 건, 요즘 내 마음이 편치 않다는 거다. 마음이 편치 않아서인지, 목과 허리가 아프고, 저녁에는 다리도 저린다. 지난번에는 알레르기로 고생했다. 의사는 알레르기 원인이 컨디션이 좋지 않아서라고 말했다. 펑펑 놀면서도 마음 한구석에는 찜찜한 게 남아있었나 보다.

우선 마음부터 다스려야겠다. 조급해 하지 말고, 숨 한번 돌리고 새로운 각오로 마음을 다잡아야겠다. 120세까지 건강하게 살려면 새로운 인생 계획을 잘 세워서 남은 인생에 후회가 없도록 해야겠다.

-〈인생계획〉중에서

우리가 살아가는 동안 인생의 목적지를 향해 흔들리지 않고 나아갈 수 있을까. 대부분의 사람들은 목적한 대로 기쁨과 만족으로 가득 찬 삶을 영위하고자 노력한다. 살면서 수많은 장애물을 만나 꿈을 방해받기도 한다. 그런 장애물을 극복하고 지금보다 더 나은 미래가 기다리고 있다는 믿음으로 인생을 계획한다. 10년 후, 20년 후의 삶은 어떻게 변할까 기대하면서.

바보상자라고 남들은 TV를 멀리한다는데, 이정희 수필가는 TV에서 다양한 소재를 이끌어낸다. 순간포착 세상에 이런 일이나, 올해 102세가 된 연세대 철학과 K교수의 인터뷰 등을 보고 자신을 되돌아본다. 먼저 마음부터 다스리고자 다짐한다. 120세까지 건강하게 후회 없이 살기 위해 새로운 인생 계획을 세우려고 다짐하는 모습이 보인다.

교장으로 정년퇴직한 이정희 수필가는 인생이모작으로 문인의 길을 걷고 있다. 수필뿐만 아니라 시, 소설 등 장르를 넘나들며 보폭을 넓히고 있다. 일흔 살이 넘은 지금 인생의 전성기를 보내고 있는 셈이다. 그동안 살아온 경험과 지혜를 작품 속에 풀어놓는 중이다. 다시 인생 계획을 세우려는 것은 평생을 공부하는 자세로 살고자 하는 의지로 보인다. 우리 인간의 삶은 변화무쌍하다. 걷고 뛰고 멈추다가 되돌아가기도 하는 게 삶이다.

　스스로 선택하고 스스로 계획하는 삶, 수많은 목표와 계획을 세우지만 작심삼일처럼 실천하기는 매우 어렵다. '지금의 내 모습은 내 선택의 결과다'라고 한 세계적인 심리학자 칼융의 말을 되새겨 보면 인생에서 선택이 얼마나 중요한지 알 수 있다. 운명은 스스로 계획하고 실천하는 것이다. 테니스를 치는 99세 되신 할아버지와 102세인 K교수보다 이정희 수필가는 더 오래도록 건강하게 원하는 꿈을 이룰 수 있으리라는 무한한 자신감을 읽을 수 있었다. 기록하는 것은 반드시 현실로 이루어진다는 진리 앞에, 이정희 수필가의 슬기로운 인생계획을 믿으며, 응원하지 않을 수 없다.

　수필은 일상생활과 가장 밀접한 문학 장르이다. 이정희 수필가가 새롭게 선보이는 수필집《개나리꽃도 피었네》에는 평범한 일상도 그냥 지나치지 않고 수필의 소재로 삼아 흥미를 유발시킨 재주가 고스란히 녹아있다. 직접 경험했거나 TV 등을 통해 간접 경험한 일상의 사소한 것들도 수필의 소재로 삼아 독자의 입맛에 맞도록 아기자기하게 요리하는 솜씨가 돋보인다. 사소함도 화자의 수필 속으로 들어가면 특별하게 변신한다. 뛰어난 문장력 덕분이다. 한편 한편 꼼꼼히 읽다 보면 가슴을 울렁이게 하고, 개운하게 하며, 뭔가 특별한 감동을 안겨준다. 일상적 체험을 직접 끌어와 형상화시킨 글의 특성 덕분인지, 정서를 순화시켜주며 행복의 본질을 깨닫게 해준다. 좋은 수필은 어떤 것일까. 오래도록 독자의 기억에 남도록 심금을 울리는 작품이다.

코로나19 사태를 겪으면서 새로운 세계를 살아가야 갈 신인류, '코로나 사피엔스'라는 말도 생겨났다. 최근에는 우리나라를 대표하는 여섯 분의 교수님들이 《코로나 사피엔스》라는 책을 세상에 내놓기도 했다. 최재천 교수는 이 책에서 "코로나19 이후 인류는 완전히 다른 삶을 살게 될 것이다. 누구도 겪어보지 못한 신세계에서 살아갈 우리를, 감히 코로나 사피엔스라고 부른다."라고 피력했다.

수필집 《개나리꽃도 피었네》를 읽으면서 코로나19 사태쯤이야, 하는 대범함과 독서가 주는 충만을 엿볼 수 있는 좋은 기회였다. 수필의 힘과 이정희 수필가의 저력 덕분이다.

계간문예수필선 123
개나리꽃도 피었네

초판 인쇄 2022년 8월 25일
초판 발행 2022년 8월 30일

지 은 이 이정희
회　　장 서정환
발 행 인 정종명
편집주간 차윤옥

펴낸곳 　도서 **계간문예**
　　　출판
편집부　03132 서울 종로구 삼일대로 30길 21 종로오피스텔 1209호
주소　　03132 서울 종로구 삼일대로 32길 36 운현신화타워 305호
전화　　02-3675-5633　팩스　02-766-4052
인쇄　　54991 전북 전주시 완산구 공북1길 16, 신아출판사
이메일　munin5633@naver.com
등록　　2005년 3월 9일 제300-2005-34호
ISBN　　978-89-6554-133-2　04810
ISBN　　978-89-6554-118-9 (세트)

값 15,000원

잘못 만들어진 책은 바꾸어 드립니다.
저자와 협의하여 인지를 생략합니다.